経営承継「可視化」戦略

将来が見えれば
後継者と幹部は
自主的に育つ

（株）RE経営
嶋田利広
Toshihiro Shimada

（株）しのざき総研
篠﨑啓嗣
Hirotsugu Shinozaki

マネジメント社

まえがき

嶋田 「篠崎さん、今の会計事務所や保険会社などが指導している事業承継のサービスって、どう思います？」

篠﨑 「あれでは何も差別化できませんね。相続税対策だけが心配な経営者ばかりではありませんから。むしろ、事業承継後の経営計画や後継者育成がリンクするコンサルテーションが大事だと思いますよ」

嶋田 「だったら、われわれでほかの事業承継本とは切り口が違う、経営者が本当に求めている【経営承継の虎の巻】を本にしましょうか。事業承継ではなく、【経営承継】です」

篠﨑 「どんなコンセプトですか？」

嶋田 「ズバリ、『経営承継の【可視化】【見える化】で後継者が自発的に育つ仕組み』みたいな感じです。どうです？」

篠﨑 「いいですね、それでいきましょう」

これが本書執筆のきっかけでした。

本書の共著者である㈱しのざき総研社長の篠﨑啓嗣氏は、当社（㈱RE-経営）が主催している「SWOT分析スキル検定」の最上級資格者である「マスターコンサルタント」です。

金融機関の内幕と生命保険営業を知り尽くし、企業再生にも豊富な実績があり、多数の書籍も出版している、いわば「プロ中のプロ」です。

私自身も「中小企業のSWOT分析の第一人者」と呼ばれ、これまで32年間350社超の中小企業のコンサルティングを経験しています。

その中には22社の経営承継コンサルティング（1社平均10〜15年の同族経営の仲裁機能と経営顧問）を実施しています。そして、経営承継期間中にコンサルティングをする中で、「言葉だけでの指導」ではなく、「文書化」「可視化」を徹底してきました。

この「文書化」「可視化」が、経営承継期の経営者や後継者から「わか

りやすい」「再現性がある」「証拠が残る」と好評をいただいています。

その証左でしょうが、私のコンサルティング先（月次経営顧問）の十数社はほぼ10年以上の長期顧問企業ばかりです。

経営承継についてはいろいろな本が出版されています。そのほとんどは「相続税対策」「争族対策」「相続資金対策」を中心とした、財務的・法務的なものです。中には、「後継者の心構え」「禅譲の心得」のような「経営承継の心得」的なものもありますが、そういう書籍は多くの場合「実務的」ではありません。

私たちが目指す経営承継の【可視化】は徹底して実務中心であり、経営承継ビジネスを展開する会計事務所や生保営業、金融機関、弁護士、司法書士の、「経営承継コンサルティング」の幅を拡げるものにしたいと考えています。「経営承継コンサルティング」の幅とは、

- 承継前後の経営戦略づくりに具体的に関与する
- 後継者時代の幹部組織（ネクストキャビネット）が円滑になる
- すべての経営承継コンサルティングが文書と図によって「アウトプット」できる（視覚的にも明確化）
- 後継者教育が経営承継コンサルティングの中の仕組みで行われる

ということです。

従来の財務と法務限定のものとはまったく違うものです。

「事業承継」ではなく「経営承継」という表現にこだわっているのも、そこを差別化したいからです。

本書が経営承継期の経営者・後継者・経営幹部、そして経営承継ビジネスを展開する方々の「虎の巻」になってもらえればと思う次第です。

2019年1月

著者を代表して　嶋田 利広

●本書の構成と執筆について

本書は Chapter 1 〜 10 で構成されています。Chapter 1 〜 10 には、末尾に『コンサルティングの勘所』1 〜 10 を掲載しています。経営コンサルタントやコンサルタント的な仕事の人にとって役立つものとして、どのようなコンサルティングスキルがあればよいのかのエッセンスをまとめています。長年のコンサルタント経験から導き出された「教訓」なので、ぜひ参考にしてみてください。

本書では嶋田と篠﨑は以下のとおり執筆を担当しています。

Chapter 1 〜 3	嶋田利広
Chapter 4 〜 5	篠﨑啓嗣
Chapter 6 〜 10	嶋田利広
コンサルティングの勘所	嶋田利広

※本書に掲載している主要な帳票やフォームのシート類を無料で入手することができます。詳しくは巻末の「あとがき」をご覧ください。

目次 ◎ 経営承継「可視化」戦略

まえがき —————————————————————————— 3

Chapter 1 経営承継が円滑に進む条件

1 ある経営者の本音 ————————————————————— 12

2 承継後の経営戦略なき相続対策、資金対策 ——————————— 14

3 経営承継に必須の5つの要素 ——————————————— 15

（1）経営思想・経営理念の承継 *15*

（2）経営判断基準の承継 *16*

（3）トータル経営承継プランの整理 *17*

（4）後継者時代のネクストキャビネットの確定 *17*

（5）承継後も勝ち続ける経営戦略の策定 *18*

Chapter 2 経営承継を指導する専門家の課題

1 経営承継をトータルにプランニングする専門家の不足 ————— 22

（1）自分の専門分野しかフォローできない *22*

（2）置き去りにされる「承継前後の経営戦略と組織戦略」 *22*

（3）トータルなコンサルティングが必要 *23*

2 経営承継ビジネスで同業者と差別化できる5つのメソッド ——— 24

（1）経営承継トータルプランを経営者、後継者と共同作成 *24*

（2）後継者時代の経営戦略の立案とモニタリング *24*

（3）経営承継前後の組織運営を共に議論し「見える化」 *25*

（4）中期経営計画、権限委譲の「見える化」で後継者育成 *25*

（5）経営者と後継者の橋渡し機能 *26*

Chapter 3 経営承継ビジネスと会計事務所
— 現在の課題と今後の方向性 —

1 他の会計事務所と同じ提案では、顧問先以外には訴求できない ——— 32

（1）どのホームページも、どのセミナーも似たり寄ったり *32*

（2）顧問先以外から関心を持たれず、新規が増えない *33*

2 相続、相続税対策以外の切り口が差別化になる ————————— 34

（1）経営承継の「可視化」がテーマなら金融機関や団体へもPRしやすい *34*

6

目　次

（2）経営者が一番気にしている「後継者育成」もからめて提案　*35*

Chapter 4　経営承継ビジネスと生保営業のソリューション提案

1　経営承継における生保営業の問題点 ———————————— *42*
（1）自社株対策、役員退職金から保険を販売　*42*
（2）保険の話だけで、財務の話ができないセールスパーソン　*43*

2　経営承継における生保営業の方向性 ———————————— *45*
（1）実態把握と財務の知識なくして生保営業の未来はない　*45*
（2）生保パーソンが最低限知っておくべき財務知識　*46*
（3）経営承継計画の策定支援に取り組んでいけば、自動的に保険が
　　関与してくる（入口と出口を間違わない）　*48*

3　経営承継から発生する資金需要に生命保険を活用する —————— *49*
　その1：役員退職金の生命保険による手当
（1）役員退職金の適切な金額をシミュレーションする　*49*
（2）財務からのソリューション提案　*50*
（3）役員退職金をイメージする（ケーススタディ）　*50*
　■貸借対照表に関する財務指標の読み方
　■損益計算書に関する財務指標の読み方

4　経営承継から発生する資金需要に生命保険を活用する —————— *57*
　その2：納税資金の生命保険による手当

5　経営者が経営承継前に志半ばで亡くなるリスクへの対処 ————— *59*
（1）保険でリスクヘッジをする　*59*
（2）財務インパクト　*61*
（3）経営者不在時の財務・インパクトのイメージ　*62*
　■貸借対照表への財務インパクト
　■損益計算書への財務インパクト
（4）財務インパクト表の作成　*64*

Chapter 5　経営承継ビジネスと金融機関のソリューション提案

**1　金融機関に求められる「コンサルティング機能」と事業性評価を
　可能とする「専門知識」** ———————————————————— *70*
（1）銀行に求められているコンサルティング機能の強化　*70*
（2）過去志向から未来志向への転換　*71*
（3）決算書から融資先の問題点を簡易的にイメージする方法　*72*

7

■キャッシュラインの三勘定
■事業メイン三勘定

2 銀行員の仕事は「橋渡し」だけでよいのか ———————— *86*

3 「経営計画書」作成支援は金融マン必須のスキル ———————— *88*

  (1) 銀行が押しつけるリストラは要注意　*88*

  (2) SWOTクロス分析を活用した事業性評価が求められる　*89*

4 会計事務所と互換性を持ち、連携しながら融資先の経営承継の状況を把握 —— *90*

5 本部、支店単位の「経営承継セミナー・相談会」の定期開催で情報発掘 ——— *92*

  (1) 「経営承継セミナー」に商機あり　*92*

  (2) 経営承継2つのパターン　*93*

Chapter 6 経営承継を成功させる50のチェックポイント

1 経営承継「可視化」の提案の前に、まず現状認識 ———————— *100*

  経営承継前にオーナー社長がやるべき50か条　*101*

2 経営承継50のチェックの後 ———————————————— *111*

Chapter 7 「経営承継計画10か年カレンダー」で全体像を見る

1 「経営承継計画10か年カレンダー」———————————— *116*

  (1) 「経営承継10か年カレンダー」の意義　*116*

  (2) 「経営承継10か年カレンダー」の事例　*117*

2 経営承継10か年カレンダーの書き方 ———————————— *122*

  (1) 各自の年齢、社長交代時期、役職予定　*122*

  (2) 経営理念・経営（経栄）基本方針の整理　*122*

  (3) 部門方針や事業戦略の整理　*123*

  (4) 経営幹部の承継前後の役割責任の明確化　*124*

  (5) 資金対策・相続税対策・金融対策、その他を計画化　*125*

Chapter 8 SWOT分析を活用した中期経営計画と独自戦略

1 経営承継後の「勝ち残る戦略」と「中期経営計画」—————— *134*

  (1) 経営者・従業員・取引先の不安　*134*

  (2) 後継者には「わが社はこの戦略で未来を創る」根拠が必要　*135*

  (3) 曖昧な方針や戦略ではなく、中期経営計画として数値化　*135*

2 時代に合った経営戦略はSWOT分析を活用する ————————— *137*

目　次

（1） SWOT分析とは何か　*137*

（2） SWOT分析が有効な理由　*141*

3 独自の中期ビジョンが明確になれば後継者はやる気になる ―――――*143*

（1） 中期ビジョンとはどんなもの？　*143*

（2） 中期ビジョン（中期経営計画）に必要な着眼点　*144*

（3） 中期ビジョン（中期経営計画）でUSPをあぶり出す　*145*

4 後継者時代のニッチ市場はどこに隠れているか？ ―――――――*147*
〜ニッチを見出すヒント〜

（1） ニッチ市場を見出す「機会」の20のヒント　*147*

5 自社の経営資源が「強み」とわかればやる気になる ―――――――*151*

（1） パッと見てわかる「強み」は少ない　*151*

（2） ニッチ市場に使える「強み」こそ本当の「強み」　*152*

（3） 不良資産と思っていたものが経営資源に変わる　*152*
「強み」を引き出す30のヒントと解説

6 「弱み」と「脅威」を掛ければ、先代ができなかったリストラ策も覚悟できる ――*157*

（1） 先代が事業撤退縮小・リストラを決断できない理由　*157*

（2） 後継者が行う事業撤退縮小、リストラはその後の理論的な裏づけが
必要　*158*

7 SWOT分析で中期ビジョン（中期戦略）を構築―――――――*159*

（1） USP＝「○○分野の◇◇で圧倒的なナンバーワン」を明確にする　*159*

（2） 新商品開発・開拓、既存商品の強化方針と戦略　*160*

（3） 新規開拓、新チャネル・エリア開拓、既存顧客強化の方針と戦略　*160*

（4） コスト改革（原価・固定費他）、品質向上の方針と戦略　*161*

（5） 組織改革、企業体制、その他の方針と戦略　*161*

（6） 中期ビジョン（中期戦略）の見直し　*162*

（7） 中期ビジョン（中期戦略）の書き方　*162*

（8） 中期経営計画の書き方　*166*

Chapter 9　後継者に残したい「経営者の価値観・経営判断基準」

1 社長の経験、経営の判断基準は普遍 ――――――――――*174*

（1） 経営理念だけでは、価値観の承継は難しい　*174*

（2） 経営判断基準とは、経営者の過去の体験に裏打ちされた実践訓　*175*

（3） 後継者の暴走防止、立ち止まって考える機会の提供　*177*

（4） 社長の経営判断・決断基準21のチェック項目　*178*

9

(5) 行動規範・判断基準の基本 13 か条：事例　*184*

2 社長の経営実務判断の基準 ——————————————— *187*

　　１．経営戦略に関する判断基準　*188*

　　２．営業に関する判断基準　*194*

Chapter 10 二頭政治・院政を抑制する
《社長から後継者への実務の職務権限委譲計画》

1 院政が後継者を潰す ————————————————————— *202*
　　〜なかなか会社離れができない現社長〜

(1) 院政の弊害　*202*

(2) 「院政をしたくてしているわけではない」社長の本音　*204*

2 社長から後継者へ実務権限を委譲する「職務権限委譲計画」の立て方 —— *207*

(1) すべての職務権限は文書化できる　*207*

(2) 職務権限委譲計画の段取り　*208*

(3) 第三者と一緒に作成して、証人になってもらう　*209*

(4) 職務権限委譲計画の事例　*212*

あとがき————————————————————————————— *219*

コンサルティングの勘所

1 社長面談は「エグゼクティブコーチング」　*19*

2 企業規模別経営会議への介入基準　*27*

3 「 教えない会話 」「 聞く質問 」が経営者と会話が続く秘訣　*37*

4 「迎合しない」「固執しない」ことが長続きの極意？　*66*

5 こんな後継者なら、社長は安心　*95*

6 コンサルタントや会計事務所職員の禁句ワード 10　*112*

7 長期経営顧問企業でコンサルタントがやってきたこと❶　*130*

8 長期経営顧問企業でコンサルタントがやってきたこと❷　*170*

9 長期経営顧問企業でコンサルタントがやってきたこと❸　*197*

10 低料金でクライアントに振り回される関係性から脱却　*214*

Chapter 1

経営承継が円滑に進む条件

① ある経営者の本音

　数年前、知り合いの経営者から経営承継について相談がありました。

　その企業の顧問税理士は、私が長年コンサルティングしている会計事務所でしたから、お互いよく知った仲です。

　経営者の相談内容とは——

　「先生、私自身の相続対策を進めていますが、株の評価を下げるため、私の退職金を多くする算段です。しかし、全額借入で退職金を払いたくないし、会社がしっかり利益を出さなければ、保険の増額もできません。利益が出る戦略と同時に相続対策を考えないと、将来は不安ですよね。でも、それを会計事務所に求めてはいけないですよね。やっぱり先生のようなコンサルタントに依頼すべきなんですかね？」

　「餅は餅屋」ということわざがあるように、「**会計事務所には相続対策はお願いできるが、経営戦略や経営計画まで期待してはいけないのか？**」という相談内容でした。

　その後、経営者はこんな話もしていました。

　「相続の法律対策は弁護士や司法書士に依頼し、相続税は税理士に、資金対策は保険会社や金融機関に、そして経営戦略はコンサルタントに相談します。しかし、当社の事を一番よく知っているのは会計事務所ですよね。そのあたりも一括して相談に乗ってくれれば、助かるんですが…」

　この経営者の場合は、確かに「餅は餅屋」のように専門家に相談すべきですが、会計事務所がトータルのプランニングをしてもらうと助かるということでした。

　また、ある経営者はこんな悩みも持っていました。

　「相続対策も相続税対策も目途はついたんですが、肝腎かなめの後継者

12

の育成は自分でするしかないですよね。ただ身内ということもあり、意見が違うと私も息子もすぐ感情的になってしまう。こういう後継者育成は他社はどうやっているんですか？　研修やセミナーを受講しただけでは無理ですよね。うちの内情を長年知っている会計事務所が後継者育成機能を担ってくれたらいいんですけど…」

　この経営者は後継者育成の機能の一部を会計事務所に期待しているのです。当然、コンサルタントが経営顧問の場合は、その任はコンサルタントがしますが、コンサルタントを経営顧問にする余力がない中小零細企業にとっては、会計事務所こそ「頼みの綱」というわけです。

　後継者塾などの単発研修を企画する会計事務所はありますが、「個々の会社の後継者育成を継続して行う」会計事務所はあまり見かけません。

　前述のように、経営承継の問題を抱える経営者は少なくありませんから、**「経営承継のトータルコーディネート」と「後継者育成」は今後の会計事務所の大きな差別化要素となる**ものです。

② 承継後の経営戦略なき相続対策、資金対策

　相続税対策、贈与対策、経営者退職資金対策を考える時、資金の出どころは、これまで蓄えてきた資金（保険含む）との差額を融資で賄うことになります。贈与においては贈与を受ける側の個人の資金も必要です。

　すると、後継者の給与を上げたり、現社長の保険契約の積み増しをしたり、いろいろ経費がかさみます。

　その経費はどこから捻出するかといえば、売上と利益（営業利益）です。

　その売上と利益を確保するには、今後の経営戦略とそれを実現する経営計画が必須です。

　だから、計算上の相続対策や贈与対策、株価対策が出来上がっても、肝腎かなめの売上と利益を実現するための「経営戦略と経営計画」を同時進行で作成しなければ、「経営承継という飛行機」は片肺の非常に危うい操縦で飛行しているようなものなのです。

　この経営戦略には、経営承継後の「組織戦略」も含まれます。

　現社長がいる間は古参幹部も協力してくれるでしょうが、彼らも年をとります。そうすると、後継者時代のキャビネット（役員や幹部）は誰が担うのか、そのためにはどんな役割責任を段階的に持たせるか……などが後継者の重要課題になります。

　もし、そこに同族問題があれば、現社長時代に今後の方向性を決めて、その同族の承諾も必要です。そのためには会社組織をどうするのか……等々、悩ましい課題がどんどん出てきます。

　こういう問題を放置して、相続対策、資金対策が先行しているのが今の経営承継の実態のようです。

③ 経営承継に必須の5つの要素

　私（嶋田）は、これまで32年間の経営コンサルタント経験で、22社の経営承継期間の経営顧問をしてきました。

　その経験からすると、会計事務所や弁護士、保険会社、金融機関のいわゆる「資金と法務」の視点ではなく、経営承継という視点から見れば、重要な要素は5つであると断定できます。

- 経営思想・経営理念の承継
- 経営判断基準の承継
- トータル経営承継プランの整理
- 後継者時代のネクストキャビネットの確定
- 承継後も勝ち続ける経営戦略の策定

それでは1つずつ見ていきましょう。

（1）経営思想・経営理念の承継

　経営理念の重要性は今さら言うまでもありません。

　ただ、これは「額縁に飾られた理念をそのまま維持する」ということではありません。この理念をもとに、承継前後に現経営者と後継者で再度、中身を確認しあうことです。

　今ある経営理念、社是、社訓、そして会社の社会的使命には意味があります。もし、今の経営理念の意味が希薄になり、現社長も経営承継をきっかけに見直してもかまわないというなら、「経営理念の再構築」を行うべ

きです。

　経営承継期間スタートの最初の「現社長と後継者の共同作業」というぐらいに位置づけてもよいでしょう。

　その場合、経営理念の補足として追加してほしいのが「行動規範」です。

　行動規範は、経営理念の思想を実践するために組織としての「行動基準」（やるべきこと、やってはいけないことなど）や「大事にすること」がより詳しく書かれた内容です。

　それぞれ箇条書きにして作成します。

　経営理念の再構築も行動規範も、確定したら幹部や全社員に向けて発表します。

　そして、それをパネル化・カード化して、いつでも見られる状態にして、活用策を考えます。

（2）経営判断基準の承継

　これまで現社長はいろいろな場面で経営判断をしてきました。

　うまくいった判断もあれば、失敗した判断もあったはずです。この実践で培った教訓である「経営判断基準」を後継者が学習し承継することは、大変重要なことだと考えます。

　現経営者の過去の経営判断の結果を箇条書きにして、「この場合、私はこれをしなかったから失敗した。だから、○○の場合は、必ずこれを優先すべきだ」と生きた経験則・教訓を文書化することです。

　特に後継者がまだ若く経営の実践経験がないなら、そういう「生きた判断基準」の教育こそ、一番の後継者教育だろうと思います。

　私たちはこれを「創業者（前社長）の遺言　わが社の掟」と命名して、作成支援をしています。（詳細は後述）

（3） トータル経営承継プランの整理

経営承継前から承継後数年の「相続税対策」「争族対策」「経営者退職金対策」、そして経営戦略の中期計画、後継者時代の役員幹部の役割などは、組織形態を1枚のシートに整理して、一目でわかる「トータル経営承継プラン」を作成します。

何年後に、何をすべきか、経営承継全般が俯瞰して見られるシートです。私たちはこれを「経営承継10か年カレンダー」と呼んでいます。

この「経営承継10か年カレンダー」を作成支援するだけでも、経営者や後継者から非常に喜ばれます。

（4） 後継者時代のネクストキャビネットの確定

後継者の時代に「誰が補佐役か」「誰がこの部門の責任者か」「誰が取締役か」などを、今いる人材を中心に考えます。

もし、古参幹部や役員がいれば、その人の処遇も整理しておかなければなりません。

ネクストキャビネット（次世代の役員幹部）では、誰に何を期待するかを決めた後、段階的な役職経験を計画化します。

もし、該当する役員候補がいなければ、外からヘッドハントする計画も入れるべきです。

これは現社長の意見と後継者の意見をすり合わせしながら、具体的な人選をします。

現社長、後継者の意向が固まったら、早めに該当社員に今後の方向性としての打診をすべきでしょう（確約はできないが、その意思があるか）。

その結果、それがモチベーションアップになるか、または「その打診を重荷に感じて辞退するか」がハッキリします。辞退されたら、また別の方法を検討します。

一番いけないやり方は、将来を期待した有能な社員にギリギリで役員登用への打診をして、それを断られてしまい、断った社員が会社に居づらくなり退職するというケースです。

（5）承継後も勝ち続ける経営戦略の策定

　経営者の本音である「承継後も利益を出し続ける経営が可能かどうか」の心配事に、経営承継アドバイザーたる会計事務所、士業、保険会社、金融機関などは、何らかの対応策を検討すべきです。

　「経営戦略は門外漢だから…」と距離を置いていると、積極的に対応してくる同業者に大事な顧客や顧問先をさらわれる可能性があります。

　詳細は後述しますが、企業が承継後も生き残るには、明確な USP（ユニーク・セリング・プロポジション）＝（独自のウリ）が必要です。

　何らかの戦略によって同業者と差別化をしている間は、企業として存続できる確率は高いといえるでしょう。

　しかし、USP がない状態が続くと、価格競争に振り回され、企業体力の消耗にさらされます。

　そんな状態では、相続資金や贈与資金などの資金づくりがますます厳しくなることは容易に想像できます。今の時代、フツーに経営しているだけでは決して生き残ることはできません。

> **コンサルティングの勘所 1**

社長面談は「エグゼクティブコーチング」

■社長面談とエグゼクティブコーチング

社長面談とは、経営者との打ち合わせ全般をいいます。特に大事なのは、「経営会議前後の社長面談」です。経営会議が円滑に進み、しっかりした決定事項を出していくためにも、根回しや確認の意味で「社長面談」は不可欠です。

社長面談ではいろいろなテーマに話が飛びます。経営課題をはじめ、社長個人に関すること、身内の問題、会社の将来像、業界事情等々……世間話のような面談になる場合もありますが、経営者が付加価値を感じる社長面談の方法があります。それは「エグゼクティブコーチング」を取り入れたものです。

エグゼクティブコーチングとは、「経営者や役員向けのコーチング」ということです。エグゼクティブコーチングの本質を知らずに、普通に「社長面談」をしていたら、信頼関係の構築は難しいかもしれません。

■「教えるコンサルタント」は社長面談でも長続きしない

「コンサルタントは教える人」と信じ切っている人がいます。特にベテランのコンサルタントに多いですね。いつもコンサルタントに教えられると、経営者も息苦しくなります。社長面談では、経営者は教えてもらいたいわけではなく、むしろ「聞いてもらいたい」のです。そして、一緒に考えてほしいのです。

教えるコンサルタントは常にアドバイスをしたがります。経営者が感じたこと、やろうとしていることについてアドバイスをするのですが、時に経営者の意見を否定するようなことを言ったりします。もちろん、否定意見もありがたい言葉として受け入れてくれる場合もあります。しかし、多くの経営者にとって、自分の意見を否定したり違う意見を推奨するコンサルタントは、徐々にうっとうしい存在になります。それに気づかないコンサルタントは、長期の顧問はできません。

■エグゼクティブコーチングと普通のコーチングの違い

エグゼクティブコーチングと普通のコーチングには、ひとつだけ違い

があります。それは、「経営知識の有無」です。

エグゼクティブコーチングでは、経営者の戦略判断などに関与するため、一般的な質問によるコーチングだけでは経営者が納得しない場合があるからです。コーチングでの会話におけるヒントの出し方も、リアルな他社事例や経営知識を出さないと、論理的な議論はできません。

経営コンサルタントこそ、エグゼクティブコーチングを知っておくべきだと思います。経営コンサルタントなら他社事例も経営知識もあります。ただし、前述のように「教えるコンサルタント」ではなく、「一緒に考えるコンサルタント」としてコーチングの会話をすべきでしょう。

経営コンサルタントには「教える」「アドバイスする」ことだけではなく、エグゼクティブコーチングが求められているのです。

■エグゼクティブコーチングのポイント

①社長の考えていること・話したことの背景を聞き出す（なぜなぜ質問）
②社長の考えに賛同する場合、他社事例や論理的な理由を明確にする
③経営戦略や課題解決の話題の時は、アドバイスは控え、社長の思いや、やりたいことの真意まで聞き出す
④たわいもない世間話的社長面談の会話の中でも、毎回ひとつくらいは、方針や方向性、具体的なアクションまで導く
⑤社長面談でも、経営課題解決やビジョンに関係することは、しっかり議事録をとり、たとえ経営者が忘れても、頭の片隅に留めておく
⑥具体的な提案は、経営者から求められた場合、または会話の延長線上で必要な場合に行う
⑦焦って何らかの新ネタを言わなければならないと考えず、自然な会話を楽しむ

Chapter 2

経営承継を指導する専門家の課題

1 経営承継をトータルに プランニングする専門家の不足

(1) 自分の専門分野しかフォローできない

　経営承継においては、各専門家で仕事の役割が違います。

　会計事務所は、自社株評価の引き下げなどによって、節税対策や納税資金準備、贈与対策の提案をします。

　弁護士は、会計事務所と同じように株価評価や納税資金の相談を受ける場合もありますが、多くは争族対策として、親族承継を円滑にするための遺言書や法務面での「リーガルチェック」を担当します。

　司法書士では、「会社の売却・事業譲渡に関する手続き」や「資産の承継、相続に関する対策」を業務としている人も多くいます。

　生命保険では、納税準備資金、自社株買い取り資金、清算資金準備等に保険が活用されるので、その提案を行います。

　それぞれが、「経営承継計画全般をサービスします」とホームページ等でPRしています。しかし、よくよくそのPR文面を見ていると、やはり自分の専門分野を中心とした「資金面」「法務面」が中心であることは否めません。

(2) 置き去りにされる「承継前後の経営戦略と組織戦略」

　これらの専門家に置き去りにされているのが、経営承継の資金を捻出したりするための「承継前後の経営戦略」と承継を円滑にする「組織戦略」です。

　前述の専門家らは、「そういう経営戦略の分野は経営コンサルタントの

仕事」だと言うでしょう。確かにそれは私たち経営コンサルタントのフィールドです。

しかし、「承継前後の経営戦略」と「組織戦略」を経営コンサルタントに依頼する場合、整合性がとれない場合があります。

本来は、経営承継の相続対策・資金対策は、経営戦略と表裏一体のはずです。内部要素である「組織戦略」は、その経営戦略と一体なので、これも外すことはできません。だから、各専門家が経営戦略と組織戦略まで踏み込んで「経営承継のフルサポート」をしなければ、税務・法務面での戦略と組織戦略に矛盾が出てきたりします。

（3）トータルなコンサルティングが必要

経営承継をトータルな問題と考えている経営者からすれば、経営承継の専門家の仕事は、どの業者を選択しようが同じようなサービスに見えます。すると、経営承継をトータルでコンサルティングしている事務所に比べると、「経営承継において、あなたの事務所は○○が他の事務所と大きく違いますね」と言われかねません。

それでは、「あなたの事務所は経営承継において、トータルな提案があり、かゆいところに手が届きますね」と言われるには、どんな差別化メニューが必要なのでしょうか。

私たちは、下記の5つの取り組みこそ、「経営承継ビジネスにおける圧倒的な差別化」だと定義しています。

- 経営承継トータルプランを経営者、後継者と共同作成
- 後継者時代の経営戦略の立案とモニタリング
- 経営承継前後の組織運営を共に議論し「見える化」
- 中期経営計画、権限委譲の「見える化」で後継者育成
- 経営者と後継者の橋渡し機能

② 経営承継ビジネスで同業者と差別化できる5つのメソッド

(1) 経営承継トータルプランを経営者、後継者と共同作成

　各専門家が提案する経営承継計画で欠けているのが「経営戦略」と「組織戦略」です。

　その分野を経営承継プランに入れて、相続対策、納税対策、資金対策、争族対策を加えれば、現段階における「経営承継フルサポート」が実現できます。

　これを Chapter 1 で述べた「経営承継 10 か年カレンダー」として作成し、その 1 ～ 2 枚のシートを見れば、「これからの必要事項や行動計画が明確にわかる」ようにします。

(2) 後継者時代の経営戦略の立案とモニタリング

　経営戦略は、前述のように各専門家にとっては自分の専門分野ではないかもしれません。

　しかしこれは、大事な要素です。思いつきや感覚で、クライアントや顧問先企業の経営戦略を無責任に提案してはいけません。

　それには論拠が必要です。

　私たちのグループでは、「SWOT 分析手法を使った中期経営計画づくり」を提案しています。

　SWOT 分析のメソッドの詳細は後述するとして、SWOT 分析のフレームワークを使い、後継者の意見をいろいろな角度から聞き出します。そし

て、コーチングとファシリテーションによって、後継者自ら導き出した「独自の経営戦略」をベースに、中期経営計画として策定します。

次にそれを「単年度の経営計画」に落とし込み、定期的にモニタリングするようにします。

今の各専門家のテリトリーには、後継者時代の独自の経営戦略づくりへの関与が入っていません。それを「経営コンサルタントの仕事であり、自分たちの管轄外だ」と決めつけると、あまりに幅がなくなり、同業者と差別化ができなくなっていくわけです。

経営者からすれば、そんな個々の事情は関係ありません。「トータルでサポートしてくれるところはどこか」を求めているのです。中期経営計画の策定とモニタリングは、その中核とも言えるものです。

(3) 経営承継前後の組織運営を共に議論し「見える化」

組織運営とは、後継者時代の役員や幹部の役職、職務責任を決めることです。

役職や職務責任範囲を決めて「見える化」することで、経営承継後の組織がより具体化していきます。

当然そこには、現社長時代の古参幹部の職務責任や役職、処遇も含まれるので、現社長と後継者とで十分協議して決定します。

その議論過程と決定した「職務責任範囲」「役職名」を固有名詞で整理する（明確な名称で記述する）ことは、経営承継後の組織を考えるうえで重要なポイントです。

(4) 中期経営計画、権限委譲の「見える化」で後継者育成

「経営承継10か年カレンダー」には、さまざまな方針や計画が一覧になっています。

その中には「現社長と後継者の役割や責任の変更」が具体的に書かれて

いなければなりません。

「院政」「二頭政治」などと呼ばれ、社長が会長になって、後継者が社長になっても実態がまったく変わらないケースがあります。それは、職務責任・権限委譲の「見える化」をしていないからです。

ただし、いかに文書化しても、経営者、後継者双方がそれを無視すれば効果はありませんが……。

まずは文書化し、互いに意思確認をしたうえで行えば、役割や責任の意識は高くなり、後継者育成にも効果的なのです。

（5）経営者と後継者の橋渡し機能

この経営承継前後の期間、だいたい5～10年程度は、経営者と後継者の橋渡し期間として、各専門家は関与すべきです。

だからもし、その期間の長期サービスに名前を付けるなら「経営承継顧問」あるいは「経営承継コンサルタント」という表現かもしれません。

当然、長期にわたってモニタリングするために、毎月なのか、四半期に1回なのか、半期に1回なのか、それぞれの期間に必要な会合をもって、計画に対するチェックと修正をすることになります。もちろん、これらは有料で行うサービスです。

経営承継ビジネスを担う専門家は、この機能を有することで同業と圧倒的な差別化が図れるのです。

Chapter 2　経営承継を指導する専門家の課題

コンサルティングの勘所 ❷

企業規模別経営会議への介入基準

　コンサルタントとして長期経営顧問をするための秘訣として、「経営会議」での司会と書記の重要性を指摘しておきます。

　あるコンサルタントから、こんな質問がきました。

　「経営会議・役員会への介入の仕方には、クライアントの企業規模やレベルによって、スタイルが違うように思います。嶋田さんはどのようにしていますか？

　中小零細企業のクライアント先での経営会議の司会と書記のイメージはわかりますが、売上100億円、社員数500名以上、役員7名以上の中堅企業ではどんなスタンスがいいでしょうか？」

　かなり具体的なクライアントの規模別対応策について、相談を受けました。私の経験から言えることは、企業規模がどうであれ本質は変わりませんが、取り組み方は少し異なると思います。

　一番の違いは、「コンサルタント自身の介入度の違い」です。企業規模別の取り組みの仕方を見ていきましょう。

■売上3億円未満、社員数10名未満の零細企業の場合

　この企業規模の会社は、いわゆる「手取り足取りの指導」が求められます。

　おそらく社長や役員も「家業の延長線上」のような感覚で、「経営者」という意識も乏しい感じです。また、完全な同族経営が多いですから、会議をしていても、いつの間にか「家の話」「身内の話」など「個人的な会話」に終始しがちです。

　このようなケースでは、「辛抱強く聞く」ことが必要です。あまり会議の形式にこだわらず、カウンセリングに近い形ですね。

■売上10億円未満、社員数50名未満の中小企業の場合

　売上額が数億円レベルになると、同族以外の役員・社員も増えてきて、10名以上になります。

　当然、マネジメントが求められますが、その仕組みができていない場合が多く、経営会議だけでなく、どんな会議でもコンサルタントが司会、

27

書記をすることが求められます。

さらに、さまざまな仕組みを作るために、各種の会議や打ち合わせで、コンサルタント自身が主導しながら、マニュアル・職務分掌・各種規定・ツール・マーケティングに使うコピーライティング・評価ツール等々を作ります。

この経営規模ではまだ総務や企画部門が育っていないので、コンサルタントが企画関係の「見える化」ツールも作ります。そういう重要な経営文書を作ることで、この規模ぐらいの企業から「超・長期経営顧問」として発展していくわけです。

■売上50億円未満　社員数200名未満の中小・中堅企業の場合

この経営規模になると、コンサルタントの役割は、変な表現ですが「コンサルタントらしい経営会議の参加」になります。

会社規模もそれなりで、役員や各部門長もそれなりの人材が担当しています。また、経営者もよく勉強しているので、下手な介入の仕方をすれば逆効果です。だから、役員会や経営会議以外の会議では、コンサルタントは司会も書記もしません。参加してもポイントだけを指摘したり、時には勉強会の講師やコメンテーターぐらいです。

しかし、役員会や経営会議では、やはり主導的なポジションをとります。

なぜなら、役員が複数いようがトップのワンマンだろうが「具体的な最高意思決定機関」を推進することが必要だからです。

特にこの頃から経営者は、役員や幹部人事についてコンサルタントに相談することが多くなります。誰にも相談できない内容なので、信頼しているコンサルタントに相談します。

そこで、役員会の前後に必ず「経営者との個人面談」を入れるのがコツです。そうしないと、役員会・経営会議の話題がコンサルタントにとって門外漢の内容が多くなり、コンサルタントの発言機会が少なくなってしまうからです。

■売上50〜100億円　社員数500名未満の中堅企業の場合

このクラスは地域でも有名な中堅企業です。役員も相応の経験をしており、経営者が地域の名士である場合も多くなります。売上が100億円を超えるところもあります。

このクラスでは、コンサルタントは役員会に出てもコメンテーターになります。司会も書記も担当者がいて、議事録も決定事項もルールに沿って処理されます。

このクラスでは、コンサルタントは会議への参加が必須ではなくなります。むしろ経営者のコーチとして、経営者の抱えるさまざまな課題を聞き出し、それに対して意見交換や提案をすることがメインになります。

会社の規模は、それぞれの役員にそれなりの責任があり、経営者がいちいち小さいことにまで口出ししなくても動いていく組織です。しかし、規模は中堅ですが「理念」や「人事問題」においては、経営者は常に自身の課題を持っています。

企業理念や組織風土、人材育成、組織の風通し、役員幹部の昇降格、そして経営理念に基づく経営戦略については、第三者であるコンサルタントの意見を求めたくなります。だから、こういう中堅規模の経営顧問は「社長のコーチ」であり、本当に「経営顧問」という仕事になっていくわけです。私は20年以上経営顧問をしている50〜120億円企業が数社あります。コンサルティングの内容はほとんどこんな感じです。

コンサルタントの仕事はクライアントの規模によって、その介入度やスタンスが違います。

ただひとつ言えることは、より規模の大きい企業を長年コンサルティングできるということは、コンサルタントの実力、人間性が認められた「勲章」のようなものだということです。なぜなら、経営者のレベルも高く、担当役員もしっかりとした責任を持った人ばかりだからです。

ただし、会社規模が大きいからといって気後れする必要はありません。どんなに規模が大きくても、経営者や役員のレベルが高くても、社長室が大きくても、経営者には1人の人間として組織をまとめていくうえで、自分の考えに不安があったり、部下への不満、未来への不安など、さまざまな葛藤があるものです。

コンサルタントがそれらのことを一緒に考えていくスタンスなら、企業規模はあまり関係ないでしょう。

Chapter 3

経営承継ビジネスと会計事務所
― 現在の課題と今後の方向性 ―

他の会計事務所と同じ提案では、顧問先以外には訴求できない

　経営承継をテーマにした会計事務所主催のセミナーの案内を見ると、ほとんどが経営承継の特例税制の内容や相続税対策が中心です。
　税の専門家として当たり前といえば当たり前のことです。しかし、それでは他の会計事務所と同じです。
　顧問先が経営承継期間に入っているなら、相続対策の相談依頼は顧問税理士の事務所にくるでしょう。
　会計事務所の中には、こう豪語する人がいます。
　「当事務所は相続に強い。実績も多い。会計事務所の中には、相続税をやりたがらない事務所もあるので、差別化できているはず」
　しかし、地域を超えて大手の会計事務所が経営承継のセミナーをしたり、地域金融機関が行ったり、むろんコンサルタント会社から生命保険会社、はたまた商工会議所まで、経営承継ビジネス市場は一気に乱戦模様です。
　そういう状況の中で、「地域の小規模会計事務所同士での比較」はナンセンスです。

(1) どのホームページも、どのセミナーも似たり寄ったり

　2018年の事業承継特例税制により、多くの会計事務所が「事業承継セミナー」と称して、特例税制の利用促進や事業承継の留意点の講演会を開催しています。特例税制セミナーでは「税制適用の入り口要件を緩和し、経営承継に係る負担を最小化」したこと、「税制適用後のリスクを軽減し、将来不安を軽減し、税制利用の簡便化」などを解説しています。
　また、ホームページでも、事業（経営）承継関連知識をしっかり記載し

ている事務所も多くなっています。

しかし、経営承継の流れ、相続対策の流れ自体はどこも同じだし、適用される法令も同じ。したがって、その事務所独自の「経営承継ノウハウ」があるかといえば、見当たらないのが実状です。相続対策、相続税対策、資金対策中心のノウハウだから、記載方法や表現の違いこそあれ、どの事務所も同じなわけです。

(2) 顧問先以外から関心を持たれず、新規が増えない

経営承継のホームページも経営承継セミナーも内容が同じなら、多くの中小零細企業は、税務顧問が実施しているセミナーに行くだろうし、経営承継相談も税務顧問に依頼します。他の会計事務所に相談したり、別途セカンドオピニオンとして依頼する理由がないのです。

しかし、多くの会計事務所では「事業（経営）承継セミナーで新規客を集めたい」といいます。経営承継関連ビジネスを新たな顧問先開拓の切り口にしたいと考えているのです。

よく考えていただきたいのですが、今の税務顧問先と内容が同じなのに、経営者が新しい税理士事務所に相談に行くでしょうか？

違う税理士事務所・会計事務所に相談に行くとすれば、今の税理士が「相続税をしたくない」「相続税の知識がない」というケースぐらいでしょう。

ならば、今の関与先経営者に「経営承継に関心のある経営者を紹介してほしい」と依頼したとします。おそらくその経営者は「先生のところをどう表現して紹介すればいいのか？」困るのではないでしょうか。

知り合いの経営者の企業には少なからず顧問税理士はいます。その顧問税理士よりも、「うちの先生の事務所はすごい！」という何かがない限り、なかなか紹介はできないものです。

② 相続、相続税対策以外の切り口が差別化になる

　従来の会計事務所の「事業承継関連」から、1歩も2歩も抜け出し、違う角度から「経営承継ノウハウ」を提案することが必要になっています。

　「差別化」とは、「うちの先生の経営承継の指導の中身は、他の会計事務所の内容とは明らかに違う」と言われることです。そのために、本書のテーマである「経営承継の【可視化】」があるわけです。

(1) 経営承継の「可視化」がテーマなら金融機関や団体へも PR しやすい

　経営承継の「可視化」なら、こんな中小零細企業のニーズを引き出し、PRもしやすくなります。

- 特例税制に興味はないが、後継者育成で何かよいアドバイスはないか
- これからの経営戦略、後継者の時代の差別化をどうすべきか困っている
- 役員幹部の処遇ややる気アップをどうしたらできるか
- 経営承継の中長期の経営計画を立てたい
- 親子だから感情的になって、話がまとまらない
- 後継者の能力不足、やる気不足……

これらは、どのような中小零細企業にも当てはまる課題です。その課題に、すべて「可視化」で答えることができれば、「言葉だけの提案」が多い会計事務所の中で、圧倒的な差別化が可能です。

こういうテーマにおいて、すべて可視化し、またその実例を携えてセミナーを行えば、金融機関や各種団体へ「経営承継セミナー」の提案もしやすいでしょう。

なぜなら、「可視化の実例を紹介できる会計事務所は当事務所だけ」というブランディングが可能だからです。

（2）経営者が一番気にしている「後継者育成」もからめて提案

経営承継の「可視化」の特長は、その議論の過程で、明らかな「後継者育成」手段になるということです。

多くの中小零細企業の後継者教育は、

- 後継者セミナーや各種講演会へ参加させる
- 現社長はその都度、心構えやノウハウを OJT で教える
- 複数の部門を経験させて、全体が見えるようにする
- 経営計画を一緒に作成する
- 経営会議に参加させて、経営判断を経験させる　等々

よくできている中小零細企業でも、こんな感じでしょう。そんな状況の時に、「後継者育成を【可視化】すれば、より実践的に教育がしやすいですよ」と提案すれば、経営者は大きな関心を示してくるはずです。

なぜなら、可視化は「言葉の教育」ではなく、「眼で見て、眼で理解し、眼で議論する」メソッドだからです。「言った、言わない」がなく、眼で実態を追いかけることができ、「モニタリング」がしやすいのがその大きな特長です。

後継者育成の【可視化】で代表的なものは、以下のとおりです。

- 経営承継前後の必要行動トータル計画書（経営承継 10 か年カレンダー）
- 自社の未来を決定する SWOT 分析を使った中期経営計画の共同作成
- 後継者の役割責任、職務範囲の詳細な明文化
- 現社長と一緒に作成する「経営判断の基準」や「経営指針」

　これらは作成過程から、より実践的な、よりリアルな後継者育成につながっていきます。実務に直結した【可視化】は、後継者教育には最適な方法です。

> Chapter 3 経営承継ビジネスと会計事務所

コンサルティングの勘所 **3**

「教えない会話」「聞く質問」が経営者と会話が続く秘訣

　私はこれまで何十回と、クライアント企業の営業用トークマニュアル、応酬話法マニュアルを作成しました。それで実際に、現場営業においてトークマニュアルどおりに実行して効果があったのでしょうか？

　一般的な商品紹介やデモンストレーション、特定の販促などでは「トークマニュアル」は有効です。また、接客時のパターン化のトークマニュアもそれなりに有効です。

　しかし、その相手が中小企業の経営者になると、しかもソリューション（課題解決）型や提案型の場合、トークマニュアルは絶対有効だとは言えません。それはなぜでしょうか？

■トークマニュアルどおりの会話にならない

　商品紹介や特定の販促なら、ある段階からトークマニュアルどおりに話法を展開すれば、お客もその商品に興味を持ったわけですから、トークマニュアルは機能するでしょう。

　しかし、経営課題解決型の提案型のトークは、マニュアルどおりのシチュエーションになることはほぼありません。特に経営者は、形式的な答えや誰でも思いつく答えでは納得しないケースが多いのです。なぜなら経営の課題は複雑な要素が絡み合っているので、最初からありきたりの一般論での情報提供や「教えるスタンス」を敬遠する傾向があるからです。

　また、経営者との会話はあっちこっちに飛んで収拾がつかないこともあります。しかし、そのほとんどはこちらサイドの会話に無理やり引き込もうとした結果です。無理やり会話を引き込む手引きが「トークマニュアル」なので、だからそのとおりにならないわけです。

■経営者との会話が続かない人の特徴

　コンサルタントや会計事務所職員、保険営業、銀行担当者でもそうですが、経営者と話が続かない人は「何か答えをすぐに言わなければならない」という衝動にかられ、十分なラポール（融和状態）になる前に、ピント外れな意見を言っているケースが多いのです。

「教えるな、聞け」と何回も指導しても、「教える習慣」から抜け出せない。特にコンサルタントや会計事務所職員がそうです。

逆に、教えないけれど、経営者との会話が続かない会計事務所職員、保険営業や銀行担当者は、「深掘りして聞く」ということができない人が多い。「深掘りして聞く」とは、今経営者が言ったことをさらに掘り下げて質問することです。

「○○があったんですね」（復唱）
「なぜ、そうなんですか」（理由）
「何があったんですか」（出来事）
「それはしんどいですね」（感情）

と、経営者が言った言葉を再確認することで、さらに経営者はどんどん話しやすくなります。

そういう深掘りをせず、経営者が目の前で話している事柄に神経を集中せずに「次に自分が聞きたい言葉を探している」人が多いのです。トークマニュアルというのは、そういう「深掘り質問」を書いてもなかなかピンとこないので、ほぼ簡略化されています。

■経営者との会話が続く「5つの質問ワード」

簡単に言うと「相手の話に乗る」ということです。決して小難しい質問はしません。また、どんな経営者に対しても、どんなシチュエーションでも共通して使える質問ワードです。

①「ほおー、それでどうなりましたか？」（続きを誘導）
②「それはすごいですね。なぜそうなったんですか？」（背景、原因、理由）
③「相手の方はなぜそうしたんですか。相手はどう思ったんでしょうか？」（視点を変える）
④「それをやるには、最初に何から手を付けるんですか？」（アクションへ誘導）
⑤「他のやり方ではなく、その方法を選んだ理由は何ですか？」（選択理由）

この5つくらいをケースバイケースで使えば、経営者との会話はどんどん深まります。答えを言うのは相手であり、こちらは質問するだけといっても過言ではありません。

■経営者がもっと話したくなる褒め方

誘導質問をいろいろ駆使しても、一番大事な目の前の「聞き方」の基本がずれていれば、経営者は話す気力を失います。

多くの人が誤解している「聞き方」は、「経営者を持ち上げる・褒めることで、経営者のご機嫌をとろうとする」パターンです。褒めることは重要ですが、問題はどこを褒めるかです。いろいろな人や取引先から、経営者は褒められ慣れしています。「さすが社長ですね」というような太鼓持ちの褒め方はうんざりです。

しかし、あることを褒められると、経営者としてはうれしくなります。それは、「価値観・経営方針の判断のよさとその理由」です。もっと具体的にいえば、「その行動をした経営者の判断が素晴らしい。なぜなら……」と褒めることです。

多くの経営者は金銭的なこと・物理的なことを褒められてもなんとも思いません（いいクルマ、よい事務所、よい業績、よい成績のゴルフスコア等々）。目に見える結果に対してではなく、その結果を導いた判断基準、価値観、方針や行動力に対して、その理由とともにフィードバックするのです。あとは真剣な眼差しで「あいづち」「うなずき」「復唱」を忘れないことです。

Chapter 4

経営承継ビジネスと生保営業のソリューション提案

経営承継における生保営業の問題点

(1) 自社株対策、役員退職金から保険を販売

　私(篠﨑)は、銀行員からスタートして長年、生保営業、企業の再生コンサルティングにかかわってきました。その見地から、生保営業、金融機関と経営承継ビジネスの取り組み方について、問題提起と課題解決を提案したいと思います。

　経営承継と同義で事業承継という言葉があります。事業承継でも、自社株対策と役員退職金対策の生命保険の販売をするために、多くの生保パーソンはセミナーなどに参加して学んでいます。

　また、税理士が学ぶような難関な事業承継に関する税法や会社法、民法を学んでいる強者も、少数ですがこの業界には存在しています。

　もちろん上記の2つの対策のために生命保険の販売をすることは素晴らしいことですが、多くの保険パーソンは近視眼的な考え方に陥りがちな傾向があります。

　経営承継の根幹は、そもそもの経営承継の「目的」と「出口」を明確にしないと意味がありません。しかしながら多くの生保パーソンは、戦術としての生保提案には長けているのですが、この目的とゴールに関することに関与しないケースが大半です。だから、どうしても自分がイメージしているような成果に結び付かなくなっているわけです。

　さらに、本来であれば自社株対策に取り組まなくてもよい会社なのに、自社株対策を最大限まで取り組むことがあります。

　経営承継後、新規融資申込時に自己資本比率が低下しすぎたので、融資

金利が旧代表者の時よりも高くなったり、融資に保険を付保してムダな保証料がかかってしまったケースもあります。

一概に担当していた生保パーソンが悪いといことではないのですが、目先の株価対策ばかリに気を取られてしまうと、新代表者になった時の新規資金調達に影響を及ぼすということを頭に入れておくと、今後の生保活動にプラスに作用します。

（2）保険の話だけで、財務の話ができないセールスパーソン

残念ながら多くの生保パーソンは「経営」の話ができていないように思います。

本来であれば法人生保に従事している生保パーソンは、経営の３要素（ヒト・モノ・カネ）を決算書や試算表、ケースによっては資金繰り表から会社の経営の課題を一緒に模索していきながら、未来経営の話を展開しつつ経営計画の策定支援をしていくことで、必然的に生命保険の話になるはずです。

ちなみに、私自身が生保セールスパーソン時代であった十数年前から、法人生保は掛け捨てタイプの事業保障商品と三大疾病（がん・脳神経疾患・心臓疾患）の商品中心で行動していました。その時の行動は以下のイメージになります。

- 決算書は直近の３期分をお預かりする。（※できれば原本のコピーをいただく）
- 決算が経過してから３か月を経過している場合は、直近の試算表をお預かりする。試算表を作成していない場合は、直近の売上と経常利益のイメージを確認する。
- 資金繰り表の確認をする。作成していない場合は、決算月以降から直近までの各月の月末の預金残高を経営者にイメージしてもらう。
- 銀行融資の返済予定表を確認する。毎月の返済元金の合計・融資利

率・担保状況・信用保証協会の利用有無を確認する。

● 過去3年分と直近の損益と資金の流れ及び銀行取引の状態を確認したうえで、今後3～5年後の未来経営（売上高・経常利益・現預金残高・融資残高）のイメージ作りを経営者と一緒に行う。

● 将来のあるべき姿のイメージが共有できたうえで、経営者の万が一の話をして、経営者不在時における会社に及ぼす影響（財務インパクト）を確認する。

● そして会社を経営継続するための必要保障金額を計算して、生命保険の提案をする。

この流れでは税務に関する内容は1つもありません。

仮に生保営業の現場で、経営に関する財務の話から入れば、これまで生保業界では難しいといわれている「事業保障商品の提案」が、お客様にストレスのない状態で受け入れられることが可能になります。

しかしながら、生保業界では財務を活用しながら生命保険の提案をしていくという文化がそもそもないのです。

当然、生保セールスパーソンが法人生保の分野に足を踏み入れた時に、「法人生保は財務から攻略する」教育を受けていれば、財務知識を身に付けて生保販売もするのでしょうが、「財務は生保と関係ない」と業界も過去には考えていたようなので、今になって税務から財務に方向転換を図っても相当な時間がかかるでしょう。

② 経営承継における生保営業の方向性

(1) 実態把握と財務の知識なくして生保営業の未来はない

昨今の生保業界では、法人生保の提案をする際に決算書を活用した販売が少しずつ動き始めています。

私も 2013 年（平成 25 年）から、生保セールスパーソンを中心に、決算書を土台にした生保販売の研修に取り組んでいます。

参加者の多くが決算書の勘定科目の理解を深め、簡易的な財務分析と銀行格付けや、未来経営に関するヒヤリングを含めた総合的な取り組みから、生保販売の実績を上げています。

ただ、注意しなければならないのは、中小企業の 3 割程度の決算書は"お化粧"されているケースがあることです。会計事務所が決算書のお化粧指南をしているわけではないでしょうが、事実として多少あるのです。

ちなみに、税理士は決算書を作成するための財務会計を基に仕訳をしていきます。そして決算書を作成していく過程で、税務会計の考え方を基に該当する税金の納付書を作成して、税金の納付をしてもらうように顧問先に指示しているだけです。

生保販売の研修で、特に私が指摘していることは、多くの財務会計において、資産の計上は今の価値（時価）ではなく、取得原価主義で貸借対照表の流動資産及び固定資産の勘定科目を計上しているということです。

そもそも取得原価主義は、計上した時点での金額を計上しているので、時間の経過と共に「含み損益」の金額が乖離していきます。また、売上債権（売掛金・受取手形）の中には不良債権になるケースや、棚卸資産（商

品・製品・半製品・仕掛品・原材料）の中に不良在庫が発生しているケースなど、企業の実態把握（貸借対照表の資産の勘定科目の時価と簿価の修正評価）をしていくことで、その会社の真実がわかるようになります。

しかしながら、生保パーソンが経営者と人間関係を構築して時間をかけながら決算書を入手し、お化粧されている決算書の分析をしたうえで生保提案をしたとしても、経営者にはまったく響かないことが多いでしょう。

生保パーソンに財務分析を期待していないからです。私が銀行に在籍していた時には、決算書のお化粧を嫌というほど現場の面前で確認してきていたので、逆に、生保パーソンが経営者から預かった決算書をそのまま（信用して）確認していることに驚きを隠せませんでした。

また、経営者が決算書を生保パーソンに提出する場合に、決算書を受け取る生保パーソンもある覚悟をしなければなりません。

その覚悟とは、経営者があなた（生保パーソン）のことも値付けしているということです。値付けとは生保パーソンの足元を確認している（能力を評価している）ということです。

（2）生保パーソンが最低限知っておくべき財務知識

最低でも簿記3級は合格できるレベルにならないと、経営者と経営の話をしても会話をつなぐことが難しくなります。逆に、簿記3級が理解できるようになると決算書の概略がつかめるようになります。

ちなみに簿記3級の仕訳業務を業種に例えるのであれば、小売業・卸売業・サービス業などになります。製造業や建設業、運送業などとは会計のルールが違ってきます。製造業や建設業、運送業などでは、現場の経費（製造原価・工事原価・運送原価）を原価の中に計上して、販売費及び一般管理費とは分けて仕訳をします。

簿記3級のレベルがわかるようになると2つの効果があります。

1つ目は勘定科目の位置が感覚でわかるようになります。

簿記を知らない人は、そもそも貸借対照表が流動性配列法（資産の部：

換金しやすい順番　負債の部：支払義務の早い順番）になっていることを知るようになるので、勘定科目を探す時に感覚で勘定科目の位置がすぐにわかるようになり、目が疲れなくなります。

　2つ目は勘定科目の意味を知るようになるので、確認しようとしている勘定科目と金額を確認することで、なんとなく会社で起こっていることがイメージできるようになります。

　会社で起こっていることがイメージできるようになると、経営の話（売上の上げ方・仕入について・経費の利用についての損益状況をリンクさせながら、貸借対照表の現預金の残高推移・借入金の残高推移・純資産の部の推移）が把握できるようになります。

　それに加えて、簡単な銀行融資の判断基準ができるようになると、経営者から一目置かれるようになります。

　簡単な銀行融資の判断基準とは、3つのポイントが核になります。

① 資金使途

② 返済財源

③ 保全（担保）

これらの内容や意味を生保パーソンが理解して話をしていくことです。

《銀行融資のイメージ》

	運転資金	設備資金
資金使途	人件費支払、材料費購入、商品仕入代金、その他経費支払	土地購入、工場建設、自動車購入、機械購入など
返済原資	売上高	フリーキャッシュフロー
融資期間	原則1年以内（実態は1年以上）	1年超～30年
保全（担保）	連帯保証人、信用保証協会、不動産担保、動産担保（売掛金及び在庫）が主要な担保	
借入上限額	月商3か月以内	基本月商4か月以内

（3）経営承継計画の策定支援に取り組んでいけば、自動的に保険が関与してくる（入口と出口を間違わない）

　生保パーソンが保険を提案するために、税務知識を軸に経営者に役立つ行動をしていることは素晴らしいことです。

　しかしながら、多くの経営者は保険パーソンにそのようなことを求めているわけではないのです。

　生保業界では現在、相続及び経営承継がブームになっていることも事実です。確かに役員退職金や納税準備資金対策の見地から生保提案をしていくことで契約につながるケースもあります。ほとんどの生保パーソンがこの手法で取り組んで成果を出しているのですが、入口と出口を間違えているような気がしてなりません。

　あくまでも生保は経営承継対策の「出口」であって「入口」ではないのです。経営承継の入口は、経営承継計画策定支援をすることになります。つまり、「経営承継のカレンダー」（Chapter 7で詳解）に具体的な行動・取組方針をまとめて日付を記すことになります。

　この取組をしていくことで、まずは経営承継の全体像を生保パーソンが現経営者や後継者と情報共有できるようになります。

　この情報共有ができるようになると、生保パーソンが現経営者と後継者とのギャップに気づけるようにもなるので、生保パーソンが調整役として行動することができれば、経営承継のさまざまな決め事がスムーズに運ぶ可能性が高くなります。

　また、経営承継は短期間で遂行できるものではありません。最低でも5年以上は経営者とその一族に関与することになります。ですから、生保パーソンが経営承継計画の策定支援に参加して、ファシリテーションスキルを活用して、現経営者と後継者との意見のまとめ役になることができるのであれば、必然的に生保提案は当然の権利として自分の手中に入るようになるのです。

Chapter 4　経営承継ビジネスと生保営業のソリューション提案

③ 経営承継から発生する資金需要に生命保険を活用する
その1：役員退職金の生命保険による手当

それでは、実際に「経営承継の【可視化】」を武器に、実際に「生保営業が経営承継に具体的にどう取り組み、何を提案すべきか」を解説します。

生保パーソンが経営承継の話から生保提案をするのに有効な手段は、第一に「役員退職金」になります。

(1) 役員退職金の適切な金額をシミュレーションする

この役員退職金を支給する際に、「希望する退職金額」と「支給可能な退職金」の金額を精査しないと、後継者に引き継いだ後に会社の内部留保が薄くなったり、場合によっては銀行融資で旧経営者の退職金をまかなった結果、借入金総額が増えてしまい、その後の資金繰りに影響を及ぼすことがあります。

周知のように役員退職金の基本的な考え方は、以下の数式になります。

最終月額報酬×在籍年数×功績倍率（役職に応じた）

ちなみに、この金額の範疇で役員が勇退時に役員退職金をもらった時に、会社は特別損失に計上することができるようになるので、自社株の評価を下げるメリットもあります。

ただ、まれなケースでは、生保パーソンが会社の財務内容の確認もしないで、計算式に当てはめただけの金額の役員退職金になると、「生命保険で今から準備したほうが得策」のようなイメージを伝えて、大型の役員退職金のための契約を預かっている場合があります。

まずは現経営者が着任してから直近までの会社の歴史を俯瞰して、会社の財務状況を確認したうえで、不況や業績低迷になった場合のことも考慮して、長期的な積立として契約を継続できる範疇の保険料と解約返戻金のバランスをとることが肝要です。

(2) 財務からのソリューション提案

ケースによっては【生保＋キャッシュ】【生保＋銀行融資】の組み合わせで役員退職金を手当てすることも念頭に置いたほうが選択肢が広がるようになります。

役員退職金だけではありませんが、生命保険を提案する場合は、必ず直近の決算書3期分と既存の銀行融資の返済予定表と既存の生命保険の証券写しを預かることが必要です。

お客様（会社）が経営計画の策定をしていたり資金繰り管理をしている場合には、経営計画書と資金繰り予定表の提出も依頼してください。

今までは生命保険業界は税務が中心で、財務からの攻略方法があるようでありませんでした。なぜなら、税理士が中心になって保険業界の講師を務めているケースが多く、財務に強い講師が業界に存在していなかったことや、経営からの切り口で生命保険の提案をしなくても、退職金を含む"損金"売りで簡単に販売ができていたこともその要因でしょう。

しかしながら、今の時代の経営者は、銀行融資とまったく同じで、生保パーソンから言われるがままの付き合いをしていると「損をする」ことも知っているように思います。

(3) 役員退職金をイメージする（ケーススタディ）

以下の3つの会社の財務状況から、役員退職金をイメージする方法を解説しますが、その前に、役員退職金をイメージする時の決算書のポイントについて説明します。

《貸借対照表における財務指標のチェックポイント》

項目	計算式	状態		
		青信号	黄信号	赤信号
手元流動性	現金預金／月商	2か月以上	1〜2か月	1か月以内
借入月商倍率（運転資金のみ）	運転資金合計／月商	2か月以内	2〜3か月	3か月以上
自己資本比率	（資産の部合計／負債・純資産の部合計）× 100	30%以上	15〜30%	15%以下
総資本回転率	売上高／負債・純資産の部合計	業界平均＋ 0.5 回転以上	業界平均〜＋ 0.5 回転	業界平均以下
現預金対純資産比率	（現金預金／繰越利益剰余金）× 100	60%以上	40〜60%	40%以下

■貸借対照表に関する財務指標の読み方

- 貸借対照表に関する財務指標は、「手元流動性」「借入月商倍率（運転資金のみ）」「自己資本比率」「総資本回転率」「現預金対純資産比率」の5つになります。この指標は、あくまでも役員退職金を含む利益の繰延のための生命保険に加入する時に考慮する指標です。
- 青信号は最低3つ以上該当していれば、長期にわたって生命保険の保険料を継続して支払いできると判断します。
- 最低3つの青信号の指標とは、「手元流動性」「自己資本比率」「借入月商倍率」です。
- 借入月商倍率の運転資金については、返済予定表を預かって確認をします。
- 総資本回転率については、業界平均値をネット検索して調べます。

《損益計算書における財務指標のチェックポイント》

項目	計算式	状態		
		青信号	黄信号	赤信号
売上総利益率	（売上総利益／売上高）× 100	業界平均値＋3%以上	業界平均値〜 ＋3%	業界平均値以下
営業利益率	（営業利益／売上高）× 100	5%以上	2〜5%	2%以下
経常利益率	（経常利益／売上高）× 100	3%以上	1〜3%	1%以下
インタレストカバレッジレシオ	（営業利益＋受取利息＋受取配当金）／（支払配当金＋支払利息）	6倍以上	3〜6倍	3倍以下
債務償還年数	（短期借入金＋長期借入金－経常運転資金[※1]）／フリーキャッシュフロー[※2]	7年以内	7〜10年	10年以上

※1　経常運転資金⇒【売掛金＋受取手形＋商品（製品）＋半製品＋仕掛品＋原材料＋貯蓄品－（買掛金＋支払手形）】
※2　フリーキャッシュフロー⇒【経常利益＋減価償却費－法人税等】

■損益計算書に関する財務指標の読み方

- 5項目のうち、青信号は3項目以上該当することが望ましい。
- 3つの青信号とは「売上高営業利益率」「インタレストカバレッジレシオ」「債務償還年数」です。
- 債務償還年数については、計算が複雑になっているので間違えないように計算式を参照してください。
- インタレストカバレッジレシオについては、無借金経営をしている会社は支払利息が0円なので0倍になりますが、「0倍」は悪いことを意味していないので勘違いしないでください。
- 債務償還年数は装置産業系（製造業・運送業・建設業・旅館及びホテル業）は、各信号の指標の2倍以内に引き直しをして確認します。

Chapter 4　経営承継ビジネスと生保営業のソリューション提案

■事例1　容易に捻出できるケース

《月商5,000万円》

貸借対照表（単位：百万円）

資産　350	負債　200
現金・預金　110 （手元流動性 2.2 か月） （現預金対繰越利益剰 余金比率 79%）	借入金合計　100 ・運転資金 70 ・設備資金 30 ・運転資金年間元金返済額　12 ・設備資金年間元金返済額　3 　年間元金返済額合計　15 　（借入月商倍率　1.4 倍） 　（債務償還年数　4.3 年）
	純資産の部合計　150
	繰越利益剰余金　140 （自己資本比率　50%）
資産の部合計 350	負債・純資産の部合計 350

損益計算書（単位：百万円）

売　　　　　上　　　　　高	600	
○　　○　　原　　価	420	
売　上　総　利　益	180	30%
販売費・一般管理費	150	
（減　価　償　却　費）	5	
営　　業　　利　　益	30	5%
支　　払　　利　　息	1	30 倍 ※
経　　常　　利　　益	29	4.8%
税引前当期純利益	29	
法　　人　　税　　等	11	
税引後当期純利益	18	
フリーキャッシュフロー	23	

※インタレストカバレッジレシオ
　＝営業利益÷支払利息
　（ここでは受取利息や配当金を省
　いている）

（総資本回転率 2 回転／業界平均 1.5 回転）

〔解説〕

　事例1のケースでは、役員退職金は生命保険で対応します。銀行は、売上高経常利益率が3％以上あれば優良企業と判断するので、この会社の場合、経常利益を1,800万円まで落としても問題ありません。

　全損の生命保険であれば保険料は700万円になりますし、2分の1損金の商品であれば1,400万円の保険料になります。

　もちろん、代表者の年齢と引退時期も加味したうえで、保険商品の選定と解約返戻率のピークを持っていくようにします。

　これくらいの財務状況の会社は、生命保険を利用しないで自己資金で対応するケースもあるので、生命保険を活用するメリットについて、その会社の決算書を土台にして話を進めていく必要があります。

■事例 2 少し足りないが、金融（生保や融資）を活用して捻出できるケース

《月商 5,000 万円》

貸借対照表（単位：百万円）

資産　400	負債　290
現金・預金　55 （手元流動性 1.1 か月） （現預金対繰越利益剰 余金比率 50%）	借入金合計　140 ・運転資金 110 　設備資金 30 ・運転資金年間元金返済額　13 ・設備資金年間元金返済額　3 　年間元金返済額合計　16 （借入月商倍率　2.2 倍） （債務償還年数　7.8 年）
	純資産の部合計　110
	繰越利益剰余金　100 （自己資本比率　27.5%）
資産の部合計 400	負債・純資産の部合計 400

損益計算書（単位：百万円）

売　　上　　高	600	
○　　○　　原　　価	420	
売 上 総 利 益	180	30%
販売費・一般管理費	160	
（ 減 価 償 却 費 ）	5	
営 　業 　利 　益	20	3%
支 　払 　利 　息	1.4	14 倍
経 　常 　利 　益	18.6	3.1%
税引前当期純利益	18.6	
法 　人 　税 　等	5.6	
税引後当期純利益	13	
フリーキャッシュフロー	18	

（総資本回転率 1.5 回転／業界平均 1.5 回転）

〔解説〕

　事例 2 のケースでは、従来の役員退職金の準備状況に応じて対応は変わります。引退予定の役員の年齢が 60 歳以上か引退までの猶予期間が 5 年ない場合は、ケースによっては生命保険と銀行融資の 2 本立てで対応するようにします。

　ちなみに、役員退職金が不足する場合でも、代表者が勇退する時の役員退職金であれば、不足する金額にもよりますが融資期間 5 〜 7 年で対応してくれます。

　もちろん、銀行は財務状況は確認します。自己資本比率はできれば 30% 以上（最低でも 25% 以上）。債務償還年数は本件（役員退職金の融資）を含めて、非装置産業系（小売・卸売業／サービス業）は 10 年以内がベターです。最悪の場合でも 13 年以内であれば融資の可能性は残されています。

　装置産業系（製造業・運送業・建設業）については 15 年以内がベターです。

旅館及びホテル業については20年以内でも取扱可能になると思います。

　また、既存融資の返済元金の負担が重い場合は、決算書の数字が事例のようなイメージであってもケースによっては融資の取扱がされないこともあるので、既存融資の返済状況は必ず確認する必要があります。

　さらに、この会社の返済余力はフリーキャッシュフロー1,800万円 － 年間返済元金額1,600万円 ＝ 200万円（年間返済余力金額）になります。融資期間が5年であれば1,000万円しか融資が受けられないでしょうし、7年であれば1,400万円になります。

※あくまでも銀行融資は水物なので、この事例は1つの目安として捉えてください。

■事例3　役員退職金は捻出できないケース

《月商5,000万円》

貸借対照表（単位：百万円）

資産　450	負債　400
現金・預金　15 （手元流動性 0.8か月） （現預金対繰越利益剰余金比率 37.5%）	借入金合計　210 ・運転資金 180 　設備資金 30 ・運転資金年間元金返済額 30 ・設備資金年間元金返済額 3 　年間元金返済額合計 33 （借入月商倍率 3.6倍） （債務償還年数 39.6年）
	純資産の部合計　50
	繰越利益剰余金　40 （自己資本比率　8.9%）
資産の部合計 450	負債・純資産の部合計 450

損益計算書（単位：百万円）

項目	金額	比率
売　　上　　高	600	
○　○　原　価	433	
売　上　総　利　益	167	27.8%
販売費・一般管理費	165	
（減 価 償 却 費）	5	
営　業　利　益	2	0.3%
支　払　利　息	1.5	1.3倍
経　常　利　益	0.5	0.1%
税引前当期純利益	0.5	
法　人　税　等	0.2	
税引後当期純利益	0.3	
フリーキャッシュフロー	5.3	

（総資本回転率 1.3回転／業界平均 1.5回転）

〔解説〕

　この事例では、役員退職金の支払いをする時に、新規の生命保険の提案をしても保険料の捻出ができません。

　なぜなら、既存の年間融資返済元金額が3,300万円になっていますが、この会社のフリーキャッシュフローは530万円しかありません。つまり、年間で2,770万円の返済原資が不足していることになります。

　返済をしている過程で資金繰りが厳しくなるので、返済をするための運転資金を利用しなければ経営継続が厳しくなり、役員退職金のための対策を練ることはほぼ不可能になります。

　しかしながら、多くの生保パーソンは法人生保を提案する際に、決算書や資金繰りの状況を確認しないで、目に見えにくい人間関係のみで役員退職金の生命保険の販売をしているケースがほとんどではないでしょうか。

　もちろん、過去に加入していた損金性の高い生命保険の既契約があればいいのでしょうが、そうでない場合は、生前の役員退職金は厳しいので、次のような手順で役員退職金を捻出するほうがよいでしょう。

　まず代表者変更を済ませた後に、代表権のない取締役会長として席を残して役員報酬をもらいながら、掛け捨てタイプの死亡保障タイプの生命保険に加入してもらいます。そして、死後に「死亡退職金」として、株の買い取り資金を確保するのがベターかもしれません。

経営承継から発生する資金需要に生命保険を活用する
その２：納税資金の生命保険による手当

　会社経営者の場合、自社株の相続税評価額が高くなる傾向にあり、財産の大部分が自社株であることも珍しくありません。

　自社株は換金できないため、現経営者（親）の死によって発生する相続税を支払うための現金をどのように確保するのかが大きな課題となります。

　また、現経営者（親）が存命で、後継者（子）に自社株を移転する時にも贈与税が課せられます。

　そして、年商３億円以下で内部留保金額が5,000万円程度の標準的な零細企業の場合、多くの企業が納税資金の準備をしていないようです。

　私は仕事柄、保険パーソンと企業への同行訪問をしますが、その８割がこれぐらいの規模の会社です。

　３期分の決算書を見ている時に、純資産の部合計が5,000万円を超えているケースにおいては、経営承継時期と自社株の移転の方法について必ず確認します。

　ほとんどの会社は税理士にすら相談していない様子ですし、顧問税理士も経営承継に関しての確認をしていない場合も少なくありません。

　「納税資金の生命保険」というと年商規模の大きな会社を対象にしているようなイメージがありますが、年商規模が３億円以下の零細企業は顧問税理士にも相手にされていない「経営承継難民」になっているケースが多いようです。

　したがって、生保パーソンはその間隙をぬって、承継意識が芽生える早い段階から、経営承継の目的とゴールを明確にさせて、経営承継計画書の策定支援をしていくことです。

そうすれば、現経営者からの「信用残高」を増やしていきながら、生命保険の依頼を受けるようになります。そして、相続や経営承継に関する税金の知識や株価対策のスキームを理解した生保パーソンに依頼することが基本になります。

　本書の Chapter 7「経営承継 10 か年カレンダー」の作成時に、これらをスケジュール化することがいかに重要かがわかります。

　相続や経営承継は複雑多岐にわたっているので、生保パーソンはしっかり勉強し、わからない場合は早めに専門家に依頼すべきです。

　"生兵法"は大怪我の元です。

経営者が経営承継前に志半ばで亡くなるリスクへの対処

(1) 保険でリスクヘッジをする

　今の時代、70歳を超える経営者は多くいますが、万が一の時にカバーできるだけの生命保険に加入している経営者はほとんどいないようです。多くの経営者は、生命保険に加入したいと真剣に考えた時に、じつは生命保険に加入できないような病気に罹っているケースが結構あります。

　また、連帯保証債務が数億円もあるのに、経営者個人の生命保険は、20年以上前に加入した「10年更新型の掛け捨てタイプ」の3,000万円ほどの生命保険に加入のみというケースが散見されます。

　これでは経営承継前に志半ばで経営者が亡くなった場合の会社に対する影響は計り知れないと思いますが、仮にそのようなことが起こったとして、会社を守るためにはどうすべきでしょうか。

　もちろん、日々の経営活動の中で会社の内部留保を厚くすることができるのであればいいのですが、中小企業では急激な為替相場の変動や原油価格の高騰、取引先の受注の影響などで一気に赤字になりやすい傾向があるので、会社を守るためには生命保険が必ず必要になります。

　仮に今、経営者が健康で生命保険に加入できる場合なら、

- 決算書の実態把握ができる生保パーソン
- 未来経営の話から将来の売上高・税引後当期純利益・現預金残高・借入残高・純資産額合計金額のイメージを共有できる生保パーソン
- 経営者不在時の財務インパクト額のイメージを共有できる生保パーソン

を選定したほうが賢明です。

　また、仮に現状で何かしらの理由で生命保険に加入できない、かつ実質自己資本比率が 20％以下の会社の経営者は、以下の考え方と行動を参考にしていただくとよいでしょう。

- 早期に代表権と筆頭株主の地位を新代表者に譲渡して形式的な引退をする
- 会社の代表権と筆頭株主の地位を譲ることで連帯保証人としての責任から解放される
- 一見すると無責任のようにも見えるが、生命保険に加入できないということは、代表者不在時の経営責任を履行することができなくなるということ
- 経営計画策定・損益の振り返り（経営計画との対比）・資金繰り管理（資金のムラ・ムダの排除）・銀行融資の適正化（短期継続の活用による融資残高の管理）を実践していくことで、5 年程度の時間を要して、筋肉質の会社にしていくように計画的な行動をしていく
- 経営者の万が一の時に、経営継続をする場合は「誰を後継者にするのか」、経営継続を断念する場合は「相続開始から 90 日以内に相続放棄をすること」もあらかじめ考えておく

　生保営業パーソンが「経営承継【可視化】」を理解し、多角的に提案することで、経営者からの「信用残高」を上げれば、本来の成果である保険成約は大きく前進します。

　こうした経営承継にかかわるリスクはそのまま「経営承継 10 か年カレンダー」を検討するときに議論すべきことです。そこで必然的にリスクヘッジ策も資金対策も協議され、それを保険でどこまでカバーできるかの話に展開できるのです。

（2）財務インパクト

　中小企業は会社≒社長であるにもかかわらず、自分が不在になった時の会社に及ぼす影響を考慮したうえで組織を運営している会社は些少です。経営者の不在時における売上高及び各利益が減少していくことを「財務インパクト」と言います。

　この財務インパクトをイメージしながら、将来の経営者不在時における影響を加味して、リスクに対応するための商品が生命保険になりますが、生保パーソンはそもそも財務インパクト以前に財務に弱いので、財務インパクトについて経営者に伝えていないのが現状です。

　経営者に未来経営の見地から数字で対話できない生保パーソンは、やがて保険市場が必要としなくなるでしょう。だからこそ生保パーソンは、財務インパクトについての理解を深め、経営者に財務インパクトについて伝えていく必要があります。

　以下は財務インパクトのイメージです。

- 「財務インパクト」とは、会社の重要人物（幹部社員も含む）が仕事をできない状態になった時の会社のお金に対する影響のことをいう
- 具体的には、会社の重要人物（幹部社員も含む）が不在になった時や長期不在時に及ぼす売上高減少及び経常利益悪化を意味する
- 売上及び経常利益の減少によって、新代表者が経営改善に取り組まなければ、資金繰り状況も並行して悪化してしまう可能性が高くなる
- その結果、売上高や利益が減少することによって、本来必要のない資金調達をしなければならなくなる可能性が高くなる
- そこで、会社の重要人物の不在時における財務インパクトをカバーできる商品が生命保険になる

（3）経営者不在時の財務インパクトのイメージ

　経営者や経営幹部が死亡したりして不在になった場合、財務上、以下のようなインパクトが発生します。

- 年商3億円のうち、社長の売上の影響力が3割程度の1億円もあり、2年間で売上が1億円減少してしまう可能性がある
- 売上が減少してしまえば、営業利益や経常利益も連動して減少してしまい、赤字に転落してしまうケースも考えられる
- 既存販売先からの取引条件の変更要求になる可能性がある（例：従来は現金100%⇒現金50%・手形50%）。また、締日の変更も考えられる（例：従来は翌月末⇒翌々月10日）
- 社長が不在がちとなり、仕入先に風評情報が伝わると、従来の支払条件が変更になって、手形払⇒現金払いになったり、仕入枠を減らされてしまう可能性がある
- 銀行から新規融資が受けられなく可能性が高くなったり、追加担保提供や連帯保証人の追加を求めるケースもある
- 新社長の従業員に対する影響力の弱さや、幹部社員との軋轢による優秀な社員の退社によって会社の機能不全が考えられる

■貸借対照表への財務インパクト
　以下が貸借対照表への財務インパクトになります。

- 売上減少にともない、並行して固定費の削減に取り組まないと、営業利益が赤字傾向になる可能性が高くなり、現預金残高が減少していく
- 既存販売先の取引条件（回収条件）の悪化で、売上が仮に横ばい推移だとしても、会社の資金繰りは悪化していく

- 仕入先からの商品や原材料仕入れについて、支払条件が悪化する可能性が高くなり、その影響によって資金繰りが悪化する
- 赤字傾向になると資金繰りが厳しくなってくるので、その結果、銀行融資残高が増えていく

《貸借対照表》

■損益計算書への財務インパクト

以下が損益計算書への財務インパクトになります。

- 原価は変動費なので、売上が20～30％ダウンする場合には、連動して原価の金額も下がる
- 販売管理費については90％程度が固定費であり、年商規模が10億円の会社の場合や宣伝広告費を1,000万円以上使用していないのであれば、固定費としてそのままスライドさせる
- 財務インパクト率が20％以上になる場合は、大半の会社の営業利益が赤字になる
- 営業利益が赤字になれば経常利益も赤字になる確率が高くなり、この状態が2期連続で続く場合は、銀行融資が厳しくなる可能性が高くなる
- その結果、経営者不在時の財務インパクトをカバーできる唯一無二の商品が事業保障の保険商品になる

《損益計算書》

売　　　　上　　　　高	⬇
○　○　原　価	⬇
売　上　総　利　益	⬇
販売費・一般管理費	➡
営　業　利　益	⬇
支　払　利　息	⬆
経　常　利　益	⬇

（4）財務インパクト表の作成

　前述した財務インパクトの損益計算書をイメージしながら、「財務イン
パクト表」を作成すると、経営者のリスクに対する意識が高くなります。
　しかしながら、ほとんどの生保パーソンは、財務インパクトという言葉
を使用しながら、未来経営の見地から事業保障のための生命保険の提案を
していません。
　それは、経営者も「生命保険の掛け捨ては無駄だ」という固定概念があ
るからです。詳細は割愛しますが、安い掛け金は間違いなく掛け捨てタイ
プの生命保険になります。
　そこで、直近の決算書から、「財務インパクト表」を作成してみてはど
うでしょうか。そして、これを経営者に見せれば、「売る行為」は一切し
なくても、確実に保険の案件として相談されるはずです。

《財務インパクト表》

(単位：千円)

内訳／財務インパクト率	直近決算	インパクト率5%	インパクト率10%	インパクト率15%	インパクト率20%
売上高	500,000	475,000	450,000	425,000	400,000
原価（変動費率・80%）	400,000	380,000	360,000	340,000	320,000
売上総利益	100,000	95,000	90,000	85,000	80,000
販売費・一般管理費（固定費）	94,000	94,000	94,000	94,000	94,000
営業利益	6,000	1,000	− 4,000	− 9,000	− 14,000
支払利息	1,800	1,800	1,800	1,800	1,800
経常利益	4,200	− 800	− 5,800	− 10,800	− 15,800

※直近決算の融資金利は1.2％で、借入金額は1.5億円で想定

コンサルティングの勘所 4

「迎合しない」「固執しない」ことが長続きの極意？

コンサルタントの仲間と話している時です。

「短期間で契約を切られるコンサルタントと長期経営顧問になれるコンサルタントはどこが違うんだろうか？」という話で盛り上がりました。私もそのコンサルタントも「長期顧問」が特徴ですから、いろいろ話すうちに、「やっぱり、この２つを徹底するかどうかだろうね」との結論に至りました。

その２つとは、「迎合しない」「固執しない」ことです。

■解約の匂いを感じると迎合するコンサルタント

短期契約で終わるコンサルタントの特徴として、「解約の匂いを感じると迎合する」ことが多いようです。

経営者の意向とは違う意見があるのに、反論も具申もしない。思ったことを言うのではなく、あたりさわりのないことを言う。経営者から契約を切られることを回避しようとして妥協に転じることを「迎合コンサルタント」と私は呼んでいます。

これは逆効果なのです。そういう態度をとれば、解約は決定的なものになります。

コンサルタントは威風堂々と自分の考えを伝え、経営者と一緒に課題解決の道を探るものです。経営者に迎合すれば、経営者はそのコンサルタントに物足りなさを感じます。妥協と迎合が結果的に解約を早めることになるのです。

■迎合しないコンサルタントは解約の覚悟がある

迎合する理由は解約をおそれるからですが、解約をおそれなければ、迎合せずに自分の見解を堂々と提案できます。解約の覚悟があるということは、「解約されても収入に困らない売上がある」ということでもあります。解約されたら途端に減収になり、生活も困るようだと強気な態度がとれず、どうしても迎合してしまうのでしょう。

「解約されたら、あの顧客に久しぶりにアプローチしてみるか」と日

頃からネクストを用意しておくべきです。そのネクストこそ、「顧客管理」というものです。

■固執すると、煙たがられ、切られる

　自分の意見に固執する傾向のあるコンサルタントは、これもあまり長く続かないようです。固執とは、クライアントがこうしたいと言っているのに、自分の意見を通そうとする人です。

　クライアントとコンサルタントのどちらが正しいなんて、わかりません。

　クライアントがコンサルタントやいろんな人の意見を聞いたうえで「Ａの方向にしたい」と言っているのに、コンサルタントが「いや、Ｂがいいですよ」と粘るとどうなるか……。

　経営者には、

　「この先生は自分の意見がいつも正しいと思っている」

　「経営者である自分がＡにしたいと言ってるのに、コンサルタントが逆らうとは何事だ」というような感覚を持つ人もいます。

　この場合、コンサルタントが自分の意見を絶対視する傾向があると、正直煙たい存在になり、「もうこの先生は、潮時かな」と見限られるわけです。

　安易に迎合してはいけないけれども、執拗に反対意見を言うことも適切ではありません。コンサルタントは柔軟であるべきです。

■決めるまでは意見を言うが、「決まったら」従順に従う

　経営者と協議して、コンサルタント自身の意見を言うことは大事です。しかし、経営者がコンサルタントの意見に反して「こうする」と決めたら、即従順な姿勢に転じ、その経営者の考えが実現できるような対策を考えることです。

　先ほどまであれだけ経営者の意見に反論していたのに、急転直下で自分の意見を変えるなどというのは節操がないように聞こえますが、コンサルティングの本質が「経営者の意向を実現するための黒子」であるなら、当然のことです。

　クライアントである経営者は、反対意見を求めているのではなく、「自分の考えを実現させるためにコンサルタントに協力してもらっている」

というスタンスでお付き合いしている場合も多いのです。

■自分の意見に固執するコンサルタントのなれの果て

　自分の意見に固執し、クライアントである経営者に最後まで正義感ぶって直言、諫言をするコンサルタントがいます。本人にしてみれば、「自分が正しい」というスタンスです。

　しかしその結果、そんなコンサルタントは長期顧問が少なく、クレームや解約が多いのも事実。悲しいかな、その原因がコンサルタント自身にあることを認めないので、毎回同じことを繰り返すのです。意固地、頑固はコンサルタントにとっては悪弊そのものだと認識すべきですね。

　逆に、そんな意固地・頑固コンサルタントが嫌う「風見鶏コンサルタント」がいます。風見鶏コンサルタントは節操なく、クライアントの考えに賛同し、自分の意見を持ってないような感じです。

　しかし、現実には風見鶏コンサルタントのほうが、長期顧問が多いという実態は何を意味しているのでしょうか。その本質も考えるべきです。

Chapter 5

経営承継ビジネスと金融機関のソリューション提案

金融機関に求められる「コンサルティング機能」と事業性評価を可能とする「専門知識」

　私（篠﨑）が銀行員だった15年以上前の2003年（平成15年）前後の時代環境は、平成バブルが崩壊して、不況による企業倒産が増加している時期でした。

　その不況の中にあっても、折返し融資（ロールオーバー）を含めて融資環境が厳しくなったとしても、私自身はそれなりに融資実績を上げてきたと述懐します。

　むしろ、今の時代のほうが、企業数の減少による影響を加味したとしても、資金需要がなく大変な時代になったとは言えないでしょう。経営承継に焦点を当てるだけでも、M&A資金や経営者の役員退職金資金・自社株対策資金を含めた資金ニーズがあるからです。

(1) 銀行に求められているコンサルティング機能の強化

　2016年（平成28年）4月1日から、金融庁は銀行に対して、中小企業融資に「事業性評価融資」への対応を求めるようになりました。

　事業性評価融資とは、銀行の融資担当者が従来の過去会計の産物である決算書を基に点数化をして、正常先から破綻先までのランク付けをすると同時に、該当するランクに応じた不良債権額を引き当てることをメインに取り組むものです。

　この取組のお陰で未曾有の不良債権を処理することもでき、銀行の破綻を必要最小限にすることができたメリットがありましたが、デメリットもありました。

　デメリットとは、融資判断の8割以上が過去会計の決算書になってし

まったことで、銀行員が融資の営業をする時に、決算書だけで融資判断をするようになったことです。

また、不良債権をあまり出したくない信用保証協会付融資（融資に保険を付けて銀行の貸倒れリスクを軽減させる）での対応が中心になってしまい、銀行員の融資判断能力がかなり低下してしまったことです。

さらに、金融庁は5年以上前から、中小企業融資の取組について決算書偏重主義から脱却して、経営者と定期的に面談をする際に、事業の内容の確認に取り組むことを要求しています（銀行員のコンサルティング機能強化）。

(2) 過去志向から未来志向への転換

2018年（平成30年）11月の時点においては、銀行員が経営コンサルティングスキルを身に付けているレベルとはいえませんが、銀行員も経営コンサルティング会社から「経営コンサルティングスキル研修」を受けて、コンサルティングの実務能力を高めるように行動し始めています。

銀行員の経営コンサルティング能力が高まると、融資に対しての取組も劇的に変化するでしょう。経営コンサルティング能力とは「問題発見能力」と「課題発見能力」です。

「問題発見能力」とは、過去を振り返って、自分が今までできていなかったことを修正していく作業であることから「過去志向」の考え方であると言えます。一方、「課題発見能力」とは、未来を見据え、自分で課題を設定し工夫できる能力を言います。

さらに、この2つの発見能力と同時に2つの解決能力を身に付けることで飛躍的に実績に差が出てきます。

過去志向とは、決算書から融資先の問題を発見して事業性評価融資を実践していくことですが、未来志向の見地からは、融資先に与えられた課題をクリアしていく過程でいくらでも資金ニーズを掘り起こせるようになります。その結果、「お願いセールス」から「提案型セールス」に変わります。

（3）決算書から融資先の問題点を簡易的にイメージする方法

　銀行員は財務分析についてはある程度できるのですが、決算書については読めるレベルにあるとは言い難いでしょう。

　なぜなら、私が顧問先の現場で融資の相談をする際、担当行員と話をしている時に私からいくつか質問をしますが、その質問にまともに答えられる行員がいないからです。このことはメガバンクの行員にも言えます。

　特段難しい質問をしているわけでもありません。融資先が属する業界の特徴をふまえたうえで、融資先の決算書を使用してお金の流れを質問しているのに、担当者が決算書を定期的に読み込むことをしていないため、融資先のことを理解できているようには思えないのです。

　銀行員以外の人はこの事実を知りません。意外に思いますが、今の銀行はIT化の進展で、融資先から決算書を預かっても、本部に決算書を送付して財務登録をしているようなので、決算書に触れる機会が昔と比べると少なくなってきています。また、融資以外の預かり資産業務（投資信託の販売・生命保険の販売など）やその他役務収益業務（M&Aの仲介や相続対策業務）に忙殺されているので、銀行員の日常業務に対する融資業務の比率がかなり下がっていることもその一因です。

　しかしながら、金融庁は金融機関に対して事業性評価融資を積極的に推進しています。その中でも短期継続融資の取組を中小企業融資に浸透させて、無駄な長期運転資金を減らしていくことで、以下の2つの効果を期待しているのです。

　1つ目は、融資先の毎月の返済負担軽減による資金繰りの改善効果になります。2つ目は、経年にともなう融資残高の減少による融資金利負担の軽減による経常利益の改善効果になります。

　この考えを銀行の本部は知っていると思いますが、営業最前線の支店では、短期継続融資の取扱ができているとは言い難いでしょう。

　今後の銀行員は、今まで以上に希求される能力が高くなっていきます。

だからこそ融資先の決算書を分析する支店（現場）の「決算書視力向上」が事業性評価の鍵になるのは言うまでもありません。この土台を押さえたうえで、SWOT 分析を活用することが融資先の実態把握につながります。

　具体的には、

〈貸借対照表のキャッシュラインの三勘定〉

　❶純資産の部合計

　❷現金・預金

　❸借入金合計

〈事業メイン勘定科目の三勘定〉

　❹売掛金〔受取手形も含む〕

　❺在庫〔製品（商品）・半製品・仕掛品・原材料・貯蔵品〕

　❻買掛金〔支払手形も含む〕

を押さえれば、決算書視力は向上していきます。

■キャッシュラインの三勘定

　以下、キャッシュラインの三勘定について解説していきます。

　決算書の貸借対照表はお金の流れが明確につかめます。

　❶純資産の部合計 → ❷現金・預金 → ❸借入金合計の順番で比較イメージする手法を「キャッシュラインマネジメント」と言います。

　まずはお金の流れをつかむことで、その会社の事業持続可能性のイメージが湧くようになります。

　❶がマイナスの状態（債務超過）になっているケースでは、銀行は前向きな資金支援はほぼしません。

〈貸借対照表〉

❷現金・預金　　❸借入金合計

❶純資産の部合計

キャッシュライン三勘定のイメージ

この三勘定を分析するには、最低でも3期分の決算書が必要です。銀行が決算書を預かる場合は、原則、決算書の原本の写しを預かるようにします。なぜなら勘定科目や別表がないと会社の実態がつかめないからです。

【純資産の部合計】

● 銀行員に限らず貸借対照表を見る時には、必ずといっていいほど「純資産の部」から見る傾向があります。なぜなら、「純資産の部」合計は、会社が設立されてから直近までの税引後当期純利益の積み重ねになるので、会社の歴史が理解できるようになります。

● まずは会社の直近の期数を確認します。純資産の部の繰越利益剰余金をその期数で割ります。例えば、20期で繰越利益剰余金が2億円のケースでは、年平均の税引後当期純利益は1,000万円ということになります。

● 次に、直近3年間の平均税引後当期利益を計算します。2016年度500万円・2017年度700万円・2018年度が600万円のケースでは、平均600万円になります。

● そして、会社設立からの平均税引後当期純利益額と直近3年間の平均税引後当期純利益額を比較して、会社の状態を確認します。このケースでは、会社設立以来の利益状況は平均1,000万円で直近3年間の利益状況は600万円です。つまり、この会社は直近3年間の平均の利益状況が低下していることがわかります。この対比をするだけでも会社の「お金のイメージ」が湧いてくるようになります。

● ❶の純資産の部の3年間の対比をすると、損益計算書の税引後当期純利益の推移がわかるようになります。❶の推移で対前年比がプラスになっていれば、直近の税引後当期純利益が黒字を意味してます。逆に、対前年比がマイナスになっているのであれば、直近の税引後当期純利益が赤字を意味しています。

● また、❶の割合と❷の現金・預金の割合を確認します。この割合のことを「現預金対純資産比率」といいます。現預金の精査が必要になりますが、現預金対純資産比率が60～80%の会社は、創業以来赤字をあまり

出していないと見ることができます。

- 資本金の金額と経営者の会社設立時の年齢から、資本金をどのように捻出したのか……増資をしているケースもあるので、増資をした時期と額と出資者の確認をしていくことで、会社の「儲けの蓄積のストーリーのイメージ」が湧くようになります。

- 経営承継においては、資本金の出資者の状況は決算書の「別表 2」で必ず確認するようにします。顧問税理士の指導で、相続対策として 10 名以上の血縁者に株を分散するようにして、後年になって大変な思いをしている企業もあります。銀行の場合は、経営者の保証に関するガイドラインとリンクしてきますので大切なポイントになります。

【現金・預金】

- ❷の現金・預金はそのままの金額を信用しないでください。現金については現金商売をしているような飲食店や小売業の類いは多少の現金を保有していることは事実ですが、多くても日商（1 日当たりの平均売上高）3 日程度になります。それ以上の現金を保有しているケースは、その特殊要因を融資先に確認したほうが賢明です。

- また、預金については、❸の融資金と相関性が強いので、決算月近辺で利用している運転資金があるかどうかを精査する必要があります。仮に、決算月に多額の運転資金を利用している場合に、経常運転資金を差し引いた余った金額については、現預金から差し引いて計算してください。そうすると実際の現預金残に近い金額になります。

- 預金種類と取引銀行も勘定科目明細で確認してください。融資を受けている銀行で定期預金をしている場合は、その定期預金が仮に担保条件になっていないとしても、既存の融資金から定期預金を相殺する銀行が多い。なぜなら、融資先の会社の定期預金と連帯保証人になっている代表者の定期預金を銀行は「みなし担保」として見ているケースが多いからです。

- 手元流動性（現金・預金／月商〔月の平均売上高〕）について銀行は、

新規融資をする際に重要視しています。1か月以内だと赤信号になります。1～2か月が黄色信号です。2か月以上は青信号になります。

● 仮に、手元流動性が低い場合であっても、収益状況が好調で余分な借入もしないで手元資金を有効活用している会社の場合は、その取組状況について、融資を受けている銀行に対して情報開示（他行からの借入状況等）をしたほうが得策です。なぜなら、銀行員は双方向で物事を捉える習性がないので、このようなケースでは銀行員に勘違いされかねないからです。

【借入金合計】

● まずは銀行融資と役員借入金（社長が会社に貸付けているもの）に分けてください。※社長からの借入金は実態としては資本金のようなもの

● 次に、銀行融資については、融資金の使途によって、運転資金と設備資金に分けます。

● その次に、毎月の長期借入金と短期借入金に分けます。

● 長期借入金の毎月の返済金額を計算してください。

● 銀行員は決算書だけの借入金情報だけでは融資判断が浅くなるので、別添（78～81ページ）の金融機関別融資取引内訳表と長期借入金別返済予定表を銀行に提出すると、融資条件が良くなる傾向にあります。

● 運転資金については、借入月商倍率を計算するようにしてください。ちなみに2か月以内は青信号です。2～3か月は黄色信号です。3か月を超えると赤信号になります。

※ お付き合いで銀行から融資を受けていると、いざという時にも支援をしてくれると勘違いしている経営者が多いですが、銀行は運転資金については、軒並み3か月以上になると「借入過多」と判断する傾向があります。お付き合い融資で得をする人は誰もいません。ほどほどのお付き合いにしたほうがよいでしょう。

● 長期借入金の年間の返済元金とその会社のフリーキャッシュフローの金額を確認してください。基本は年間長期借入元金 ≦ キャッシュフロー

金額になりますが、中小企業の多くは運転資金を長期借入金で利用しているので、9割以上の融資先は、潤沢なキャッシュフローがあったとしても、長期借入金の運転資金の口数が多く、返済負担が重たくなっているものです。

■事業メイン三勘定

以下、事業メイン三勘定について解説していきます。

そもそも銀行員を含めて財務に触れている仕事をしている人たちの多くは、事業メイン三勘定についての理解が深くないのが現状です。

銀行員に限っていえば、彼らは融資の話をする時に、経常運転資金（会社を回していくのに必要なお金）の話をしていく過程で、近未来の売上や仕入に関する本業の話から、増加運転資金や設備投資に関する融資情報につなげるのですが、現場の融資渉外の行員の多くは、この当たり前の取組をしていないのです。

融資先の売掛金や在庫は、SWOT分析における事業の「強み」や「弱み」が表現されているものです。売掛金や在庫について質問の深掘りをしていないということは、事業の実態把握が浅い状態で融資の取扱をしているこ

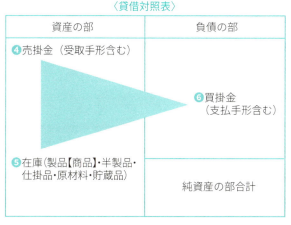

事業メイン三勘定のイメージ

金融機関別融資取引内訳表

長期No.	区　分	金融機関名	当初借入額	資金使途	借入日	借入期間	借入期日
-	Ａ　Ｂ　Ｌ	Ａ銀行	30,000	運転資金	Ｈ27／2	1年	Ｈ28／2
1	長　　　期	Ａ銀行	50,000	設備資金	Ｈ19／2	10年	Ｈ29／2
2	長　　　期	Ａ銀行	50,000	運転資金	Ｈ24／11	7年	Ｈ31／11
		＜　小　　　計　＞	130,000				
3	長　　　期	Ｂ銀行	30,000	運転資金	Ｈ23／3	5年	Ｈ28／3
4	長　　　期	Ｂ銀行	30,000	運転資金	Ｈ24／3	5年	Ｈ29／3
5	長　　　期	Ｂ銀行	20,000	運転資金	Ｈ26／4	5年	Ｈ31／4
		＜　小　　　計　＞	80,000				
6	長　　　期	Ｃ銀行	20,000	運転資金	Ｈ24／9	5年	Ｈ29／9
7	長　　　期	Ｃ銀行	20,000	運転資金	Ｈ26／9	5年	Ｈ31／9
―	短　　　期	Ｃ銀行	20,000	運転資金	Ｈ27／5	6ヶ月	Ｈ27／11
		＜　小　　　計　＞	60,000				
―	短　　　期	Ｄ銀行	10,000	運転資金	Ｈ27／1	1年	Ｈ28／1
8	長　　　期	Ｄ銀行	30,000	設備資金	Ｈ24／7	10年	Ｈ34／7
		＜　小　　　計　＞	40,000				
9	長　　　期	Ｅ銀行	20,000	運転資金	Ｈ24／3	5年	Ｈ29／3
		＜　小　　　計　＞	20,000				
		【　合　　　計　】	330,000				

Chapter 5　経営承継ビジネスと金融機関のソリューション提案

【　単位／千円　】

返済日	金　利	金利種別	約定弁済額	保　　全	７月３０日現在残高	シェア
随時弁済方式	1.625%	変動金利	0	動産（自動車在庫）	20,000	11.7%
２５日	2.65%	変動金利	417	プロパー（不動産担保）	7,833	4.6%
２５日	1.9%	固定金利	596	保証協会	30,928	18.1%
			1,013		58,761	34.4%
２０日	2.6%	固定金利	500	プロパー	4,000	2.3%
２０日	1.5%	固定金利	500	プロパー	10,000	5.9%
２０日	1.9%	固定金利	334	プロパー	14,990	8.8%
			1,334		28,990	17%
２５日	0.8%	固定金利	334	保証協会	8,644	5.1%
２５日	1%	固定金利	334	保証協会	16,660	9.8%
期日一括	1.625%	変動金利	0	プロパー	20,000	11.7%
			668		45,304	26.5%
期日一括	1.575%	変動金利	0	プロパー（不動産担保）	10,000	5.9%
２５日	2.8%	固定金利	250	プロパー（不動産担保）	21,000	12.3%
			250		31,000	18.2%
５日	1.7%	固定金利	334	プロパー	6,640	3.9%
			334		6,640	3.9%
			3,599		170,695	100%

※このシート（PDF）を入手することができます。詳細は「あとがき」をご覧ください。

長期借入金融資別返済予定表

金融機関名	A 銀行		A 銀行		B 銀行		B 銀行		B 銀行	
	長借 No.1		長借 No.2		長借 No.3		長借 No.4		長借 No.5	
内　　訳	元金	残高	元金	残高	元金	残高	元金	残高	元金	残高
H 27／7	417	7,883	596	30,928	500	4,000	500	10,000	334	14,990
H 27／8	417	7,466	596	30,332	500	3,500	500	9,500	334	14,656
H 27／9	417	7,049	596	29,736	500	3,000	500	9,000	334	14,322
H 27／10	417	6,632	596	29,140	500	2,500	500	8,500	334	13,988
H 27／11	417	6,215	596	28,544	500	2,000	500	8,000	334	13,654
H 27／12	417	5,798	596	27,948	500	1,500	500	7,500	334	13,320
H 28／1	417	5,381	596	27,352	500	1,000	500	7,000	334	12,986
H 28／2	417	4,964	596	26,756	500	500	500	6,500	334	12,652
H 28／3	417	4,547	596	26,160	500	0	500	6,000	334	12,318
H 28／4	417	4,130	596	25,564	0	0	500	5,500	334	11,984
H 28／5	417	3,713	596	24,968	0	0	500	5,000	334	11,650
H 28／6	417	3,296	596	24,372	0	0	500	4,500	334	11,316
H 28／7	417	2,879	596	23,776	0	0	500	4,000	334	10,982
H 28／8	417	2,462	596	23,180	0	0	500	3,500	334	10,648
H 28／9	417	2,045	596	22,584	0	0	500	3,000	334	10,314
H 28／10	417	1,628	596	21,988	0	0	500	2,500	334	9,980
H 28／11	417	1,211	596	21,392	0	0	500	2,000	334	9,646
H 28／12	417	794	596	20,796	0	0	500	1,500	334	9,312
H 29／1	417	377	596	20,200	0	0	500	1,000	334	8,978
H 29／2	377	0	596	19,604	0	0	500	500	334	8,644
H 29／3	0	0	596	19,008	0	0	500	0	334	8,310
H 29／4	0	0	596	18,412	0	0	0	0	334	7,976
H 29／5	0	0	596	17,816	0	0	0	0	334	7,642
H 29／6	0	0	596	17,220	0	0	0	0	334	7,308
H 29／7	0	0	596	16,624	0	0	0	0	334	6,974
H 29／8	0	0	596	16,028	0	0	0	0	334	6,640
H 29／9	0	0	596	15,432	0	0	0	0	334	6,306
H 29／10	0	0	596	14,836	0	0	0	0	334	5,972
H 29／11	0	0	596	14,240	0	0	0	0	334	5,638
H 29／12	0	0	596	13,644	0	0	0	0	334	5,304
H 30／1	0	0	596	13,048	0	0	0	0	334	4,970
H 30／2	0	0	596	12,452	0	0	0	0	334	4,636
H 30／3	0	0	596	11,856	0	0	0	0	334	4,302
H 30／4	0	0	596	11,260	0	0	0	0	334	3,968
H 30／5	0	0	596	10,664	0	0	0	0	334	3,634
H 30／6	0	0	596	10,068	0	0	0	0	334	3,300
H 30／7	0	0	596	9,472	0	0	0	0	334	2,966
H 30／8	0	0	596	8,876	0	0	0	0	334	2,632
H 30／9	0	0	596	8,280	0	0	0	0	334	2,298
H 30／10	0	0	596	7,684	0	0	0	0	334	1,964
H 30／11	0	0	596	7,088	0	0	0	0	334	1,630
H 30／12	0	0	596	6,492	0	0	0	0	334	1,296
H 31／1	0	0	596	5,896	0	0	0	0	334	962
H 31／2	0	0	596	5,300	0	0	0	0	334	628
H 31／3	0	0	596	4,704	0	0	0	0	334	294
H 31／4	0	0	596	4,108	0	0	0	0	294	0

【 単位／千円 】

C銀行 長借No.6		C銀行 長借No.7		D銀行 長借No.8		E銀行 長借No.9		合計	
元金	残高	元金	残高	元金	残高	元金	残高	元金	残高
334	8,644	334	16,660	250	21,000	334	6,640	3,599	120,745
334	8,310	334	16,326	250	20,750	334	6,306	3,599	117,146
334	7,976	334	15,992	250	20,500	334	5,972	3,599	113,547
334	7,642	334	15,658	250	20,250	334	5,638	3,599	109,948
334	7,308	334	15,324	250	20,000	334	5,304	3,599	106,349
334	6,974	334	14,990	250	19,750	334	4,970	3,599	102,750
334	6,640	334	14,656	250	19,500	334	4,636	3,599	99,151
334	6,306	334	14,322	250	19,250	334	4,302	3,599	95,552
334	5,972	334	13,988	250	19,000	334	3,968	3,599	91,953
334	5,638	334	13,654	250	18,750	334	3,634	3,099	88,854
334	5,304	334	13,320	250	18,500	334	3,300	3,099	85,755
334	4,970	334	12,986	250	18,250	334	2,966	3,099	82,656
334	4,636	334	12,652	250	18,000	334	2,632	3,099	79,557
334	4,302	334	12,318	250	17,750	334	2,298	3,099	76,458
334	3,968	334	11,984	250	17,500	334	1,964	3,099	73,359
334	3,634	334	11,650	250	17,250	334	1,630	3,099	70,260
334	3,300	334	11,316	250	17,000	334	1,296	3,099	67,161
334	2,966	334	10,982	250	16,750	334	962	3,099	64,062
334	2,632	334	10,648	250	16,500	334	628	3,099	60,963
334	2,298	334	10,314	250	16,250	334	294	3,059	57,904
334	1,964	334	9,980	250	16,000	294	0	2,642	55,262
334	1,630	334	9,646	250	15,750	0	0	1,848	53,414
334	1,296	334	9,312	250	15,500	0	0	1,848	51,566
334	962	334	8,978	250	15,250	0	0	1,848	49,718
334	628	334	8,644	250	15,000	0	0	1,848	47,870
334	294	334	8,310	250	14,750	0	0	1,848	46,022
294	0	334	7,976	250	14,500	0	0	1,808	44,214
0	0	334	7,642	250	14,250	0	0	1,514	42,700
0	0	334	7,308	250	14,000	0	0	1,514	41,186
0	0	334	6,974	250	13,750	0	0	1,514	39,672
0	0	334	6,640	250	13,500	0	0	1,514	38,158
0	0	334	6,306	250	13,250	0	0	1,514	36,644
0	0	334	5,972	250	13,000	0	0	1,514	35,130
0	0	334	5,638	250	12,750	0	0	1,514	33,616
0	0	334	5,304	250	12,500	0	0	1,514	32,102
0	0	334	4,970	250	12,250	0	0	1,514	30,588
0	0	334	4,636	250	12,000	0	0	1,514	29,074
0	0	334	4,302	250	11,750	0	0	1,514	27,560
0	0	334	3,968	250	11,500	0	0	1,514	26,046
0	0	334	3,634	250	11,250	0	0	1,514	24,532
0	0	334	3,300	250	11,000	0	0	1,514	23,018
0	0	334	2,966	250	10,750	0	0	1,514	21,504
0	0	334	2,632	250	10,500	0	0	1,514	19,990
0	0	334	2,298	250	10,250	0	0	1,514	18,476
0	0	334	1,964	250	10,000	0	0	1,514	16,962
0	0	334	1,630	250	9,750	0	0	1,474	15,488

※このシート（PDF）を入手することができます。詳細は「あとがき」をご覧ください。

とになり、このような浅い分析では、ケースによっては融資金が貸し倒れる可能性が高くなります。

　金融庁が事業性評価融資の一環として SWOT 分析を活用するように指示しているのは当然のことと言えるでしょう。

　2003 年（平成 15 年）春ごろまでは、各銀行は経常運転資金の範疇で短期融資の取扱をしていましたが、金融庁は、業績がよくない融資先の短期融資は条件変更をしていると判断しました。

　その結果、条件変更に該当する融資先は不良債権の引当金額を積み増しする必要が出てきたので、多くの銀行は短期融資の取扱を止めるようになったのです。

　しかしながら、金融庁は 2017 年（平成 29 年）4 月から短期継続融資として復活させました。この融資を復活させた理由は先述した以外にもあります。その理由とは、短期継続融資の取扱をする場合は、借入期間が 1 年以内に期日を迎えるので、定期的に融資先に業況の確認をする必要性が出てきます。

　この取組をしていく過程において融資先の実態把握をしていくことで、銀行員の目利きの涵養につながり、活きた融資の取扱ができるようになるので、企業の事業持続可能性も高くなる、という狙いがあるのです。

【売掛金（受取手形も含む）】

　売掛金は、経営者の売上に対する考え方が反映される勘定科目になります。極端な言い方をすると、売上至上主義の経営者は販売をメインで考えているので、回収については脇が甘く、決算書の中に長期未回収の売掛先や貸倒れたけれど損金処理できない会社が内包されているケースが散見されます。

　また、実際に売上は上がっていないのに、銀行から融資を受けるために売掛金の架空計上をして、ムダな消費税や法人税の支払いをする会社もよくあります。

　このことをセミナーや研修で税理士の前で伝えると、税理士の中には「税

理士はそのようなことはしない」と発言する人もいます。

　しかしながら、銀行員は決算書の精査をする場合は、勘定科目を精査し、業種別の売掛債権回転期間（販売してからお金を回収するまでの時間）を照らし合わせて、掛金の中に架空売上や不良債権がどの程度内包されているのかを確認しているのです。

　勘定科目の精査で"お化粧"の懸念がある場合、注意するポイントは2つあります。1つ目は、同じ取引で複数年同じ金額で計上されている場合は、相手から回収できない状態に陥っていることを意味します。2つ目は、勘定科目明細の欄で「その他」という項目を設けて、その他に架空売上を計上している場合もあります。売掛債権回転期間が業界平均値よりも＋1か月以上ある場合は、売掛先の精査にしっかり取り組んだほうがいいでしょう。

　私は経営承継計画の立案をする場合に、過去10年間の取引先別売掛金の推移状況と同じ期間の貸倒先リストを作成して、今後10年間の売上見込を立てる時に、販売先の貸倒リスクと財務状況の回復をするのにどれだけの労力がかかるかについて伝えるようにしています。

　また、どんなに注意をして販売先の新規獲得や管理に取り組んだとしても、貸倒リスクは企業経営にとって永遠のテーマになります。もちろん、貸倒が発生しない取組についても、銀行は今後の評価対象にすべきです。

　例えば、経営セーフティネット共済に加入しているか、どの程度の残高が積み上がっているかを確認したり、ケースによっては損害保険商品の取引信用保険や個別債権保証の取組状況を確認することが、事業継続の可能性を判断するポイントになります。

【在庫】

　一口に在庫といっても、業種によって使用される勘定科目は違います。大別すると「製造業系」と「小売・卸売系」になります。

　製造業系で使用される在庫に関する勘定科目は、製品・半製品・仕掛品・原材料・貯蔵品になります。製造業系のポイントは自社で原材料を仕入れ

て製品にして出荷することです。

小売・卸売系は商品になります。この業態におけるポイントは既製品である商品を仕入れて販売したり卸したりしていることです。小売・卸売業の融資先で、原材料や半製品や仕掛品などの勘定科目が計上される場合は、ケースによっては決算書のお化粧の懸念があるということになります。

この勘定科目は売掛金と同様に経営者の性格を反映していることが多いのです。売掛金の項で売上至上主義の経営者について触れましたが、このタイプの経営者の会社では、とにもかくにも販売をメインで考えているので、在庫管理がいい加減な会社が多く、在庫がダブついて不良在庫になるのです。さらにひどい会社になると、在庫を架空計上して利益の水増しをするケースも散見されます。

ちなみに在庫については、**棚卸資産回転期間が業界平均値＋１か月以上ある場合は、在庫の精査に詳細に取り組んだほうがいい**と思います。私が銀行に在籍していた時には、「在庫を確認させてください」と経営者に伝えながら、経営者の顔の表情で架空在庫の存在を確認していました。

最近の経営者は、銀行員から「現場での在庫の確認」というフレーズを耳にしていないので、不良在庫、架空在庫のいずれのケースにおいても嫌な顔をされることは間違いないでしょう。

【買掛金（支払手形も含む）】

買掛金については、資金繰りの調整弁になります。

多くの銀行員は勘違いをしていることがあります。買掛金の平均支払サイトが業界平均値よりも長い場合に、支払いが滞留しているのではないかと疑念を抱くことについては問題ないのですが、この考えのみで融資先に対してうがった見方をしている銀行員が多いことに気づかされます。

なぜなら、私は元銀行員で現在は経営コンサルタントとして企業支援をしていますが、顧問先と銀行に同行訪問をしている時に、上記のことについて指摘をされることがしばしばあるからです。

物事を１つの事象だけを見て判断することは危険です。仮に、買掛金残高が増加しているといっても、中には仕入先の見直しをする時に、従来の支払サイトよりも 0.5 ～ 1 か月程度伸ばして支払いをすることで、銀行融資残高を減らしていきながらリスクヘッジを図っている会社もあります。

このような取組ができている会社は、架空売上や不良債権はいうに及ばず、不良在庫や架空在庫がない綺麗な会社です。自己資本比率が 30％を超えていたり、売上高経常利益率も 3％以上を維持している優良企業が資金繰りコントロールをする時に、支払先の見直しをして資金繰りの改善をしていたりするものです。

② 銀行員の仕事は「橋渡し」だけで よいのか

　結論からいうと、現在の銀行員の仕事はお客様と銀行本部との「橋渡し」だけになっています。

　私自身が銀行員の時に、橋渡しだけをしている銀行員を数多く見てきました。「問題発見能力」や「課題発見能力」があるのであれば、当然、橋渡しだけで終わることはありえません。

　私が現在、顧問先で銀行取引の相談を受けている内容で一番多いのが、じつは、融資の相談を担当行員にしてもなかなか結論を出してくれなくて困っているケースです。

　ちなみに、私が現役の銀行員であった当時でも、担当者が融資案件を抱え込んでしまい、融資希望日の数日前になってから上司に相談をして大問題になったケースがありました。

　今の銀行員の融資案件の取組は、「表現するのが耐え難いような状態」だと現役の支店長から愚痴を含めて話を聞くことがあります。今後も、銀行員が融資先と本部との橋渡しだけに終わるようでは、銀行自体の存続も厳しくなるでしょう。

　このように銀行員が橋渡し役にしかなれない根本原因は、融資の現場で経営者から決算書以外の情報を収集していないことに尽きます。

　今から 20 年以上前は、銀行員は現場で事業の内容の確認をしていました。この現場での確認に銀行員が取り組んでいかなければ、経営承継をテーマに銀行が介入することは不可能になります。

　銀行は、金融庁からは、融資先の事業持続可能性と経営承継につなげるために、事業性評価融資に取り組むように指示されています。また、今の銀行の置かれている金融環境は、少子高齢化の影響や IT 及び AI の影響を

多大に受けて、一部の地方銀行や信用金庫及び信用組合では、業務純益（一般企業の営業利益）が赤字になるという事態が起きています。

さらに金融庁は、2019年4月1日から、銀行を管理する際に取り組んでいた『金融検査マニュアル』を廃止することにしました。このマニュアルは、平成バブルが崩壊して金融危機が騒がれていた2000年（平成12年）から、護送船団方式によって、脆弱な銀行を破綻させないために導入された経緯があります。今回のマニュアル廃止はある意味、金融庁も各銀行の独自性を受け入れる代わりに、業務純益の改善が図られない場合は、銀行の合併促進をしていく方向になるでしょう。

だからこそ、自分たちの置かれている状況を理解したうえで、「経営承継」をネタにして営業展開していくことが重要です。これからの金融機関、とりわけリテールを専門とする地方銀行、信用金庫、信用組合の銀行員は、融資先の実態把握をする時に、10年後の経営者の年齢を加味しながら、経営承継計画の策定支援をしていくいことで、他の銀行・銀行員との差別化を図ることが可能になります。

なぜなら、現時点での各銀行の経営承継に関する取組のメイン業務は、株価対策や税務対策、M&Aの仲介業務の収益が中心だからです。

現時点ではこの取組でもいいかもしれませんが、融資先の事業持続可能性を判断していく時に、「経営承継10年計画」の策定支援コンサルティングに銀行員が関わることで、あるべき姿の経営承継に取り組めるのだと思います。会計事務所ではそこまで取り組めていないのが現状ですから、銀行にとっての商機は大いにあるでしょう。

「経営承継10年計画」を策定する場合は、SWOTクロス分析等を使って、経営承継後の具体的な事業戦略・戦術まで落とし込みをかけることが必要になります。詳細は本書のChapter 8をお読みください。

3 「経営計画書」作成支援は金融マン必須のスキル

(1) 銀行が押しつけるリストラは要注意

　私（篠崎）が知っている限り、銀行員は経営計画を作成できないにもかかわらず、事業再生のバンクミーティングの時に、重箱の隅をつっつくようなどうでもよい質問をしてきます。

　あくまでも私の経験ですが、銀行員は人事リストラと業務リストラの押しつけをしてきます。

　人事リストラでは、「役員報酬の最大限の削減」と「従業員のリストラ」について言及してきます。

　役員報酬は経営責任もあるので、削減すること自体は当然のことだと思いますが、従業員のリストラはケースバイケースになります。なぜなら、「企業は人なり」というように、従業員が会社運営を支え、業績を作っているからです。

　仮に、銀行員に言われるがままに従業員を減らすリストラをしてしまうと、会社を維持するために必要な売上・利益さえ上げられなくなります。言い換えれば、無理なダイエットをしすぎた結果、基礎体力が奪われた状態です。

　急な外部環境の変化の時には、基礎体力を奪われた企業は踏ん張りがきかず、売上も一気に下がってしまいます。事業継続が困難に陥るケースが多発するのはそのためです。

（2） SWOT クロス分析を活用した事業性評価が求められる

　いまだに多くの経営者は、「銀行員が数字に強い」と勘違いしている人が多いようです。銀行員はそれなりに財務分析はできると思いますが、簿記を習得しているわけではありませんし、当然ですが、経営計画の策定能力を具備しているわけではないのです。

　そもそも5年ぐらい前までは、銀行員の融資業務に簿記や経営計画の策定支援は必要なかったのですが、今の複雑多岐な時代に追いついていくためには、最近では「銀行員のコンサルタント化」が叫ばれるようになりました。そして、「事業性評価融資」を軸に、経営計画の策定支援業務に取り組み始めている銀行が多くなりました。

　この事業性評価では、会社の方向性を決めるために有効な手法である「SWOT クロス分析」が融資先の今後を占う試金石になりますし、経営計画策定における肝も SWOT クロス分析を活用します（SWOT クロス分析については、Chapter 8 で解説）。

　したがって、2019 年以降、多くの金融機関が実践的に SWOT クロス分析を活用して、融資先を効果的に支援できるようにするための施策をとるようになるでしょう。

会計事務所と互換性を持ち、連携しながら融資先の経営承継の状況を把握

　銀行員はそれなりに財務分析に取り組んでいますが、残念なことに、簿記知識がないために、決算書の勘定科目を深追いし、決算書の数字の背景を勘定科目明細からイメージする思考については、教育を受けていないのが実状です。

　銀行に「融資先の格付け」が導入されてから早20年が経過しました。しかし、この格付けが銀行員の融資審査能力を欠如させる最たる要因だと考えた金融庁は、2019年4月1日以降は、「自己査定」と言われている融資先の格付けを廃止することにしました。

　銀行が融資先の中小企業に対して「目利き」を発揮することができなくなれば、融資先が多重債務に陥り、それが経営承継がうまくできない一因であると考えたからです。

　だからこそ金融庁は、銀行が事業性評価融資に取り組むうえで、短期継続融資（売上債権＋棚卸債権－買掛債務）を導入して、定期的に融資先を訪問していきながら、コンサルティング能力を発揮することを期待しているのです。

　そうはいっても、現実は銀行員が経営コンサルティングのスキルを短期間で身に付けるのは厳しいものがあります。

　したがって、今後は会計事務所と銀行が互換性を持つことが重要なポイントになると思います。なぜなら、中小企業の決算書を作成するのは会計事務所だからです。毎月の試算表の管理も、銀行では当然作成できません。

　また、会計事務所としては、管理会計の領域になりますが、資金繰り管理や経営計画の策定支援に取り組むことで、顧問先の利益確保に貢献できるようになります。

もちろん、会計事務所は会社の機密事項を握っているので、把握しているすべての情報を銀行に情報開示する必要はありません。ちなみに、経営計画の策定をする場合には、できれば金融庁が銀行に明示している事業性評価融資に対する考え方を盛り込んだほうがベターです。

　銀行にとっては、経営計画の策定の部分では、会計事務所とシンクロできる部分が当然あると思います。

　このようにして、会計事務所が策定支援した経営計画の実行支援に取り組むことで、融資先の実態把握が可能になります。

　融資先の実態把握に取り組めるようになると、間違いなく経営計画の精度が高くなります。なぜなら、過去から現在までの振り返りが深くなり、その結果、会社の経営課題が明らかになり未来とのギャップが大きくなるので、未来に取り組まなければならない経営課題が鮮明になるからです。

　特に、会社の売上（取扱品目・販売手法・販売管理など）や原価（仕入品目・仕入方法・仕入管理など）についての詳細を確認することで、商流が読めるようになります。

　このような取組が定着してくると、経営承継計画を策定する際に、過去⇒ 現在 ⇒ 未来と連続性が見えてくるので、計画策定にもスムーズに取り組めるようになり、結果として顧客への利益貢献が可能になります。

　したがって、銀行および会計事務所は相互の持ち味を生かしながら、互換的に連携するとよいでしょう。

本部、支店単位の「経営承継セミナー・相談会」の定期開催で情報発掘

(1)「経営承継セミナー」に商機あり

　私が在籍していた銀行では、20数年前から「年金相談会」を実施していました。今でこそ農協も含めたほとんどの金融機関が定期的に年金相談を実施していますが、その当時、年金相談会を実施して抜群の成果を上げていた銀行は、私が在籍していた銀行を含めても数少なかったと記憶しています。

　私が在籍していた銀行の営業エリアには戦時中に軍需工場があり、戦前は男女問わず多くの中学生が勤労奉仕に駆り出されていました。戦後に年金の受給資格ができて年金を請求する場合に、年金受給者から国に裁定請求をしなければ、受給資格があったとしても年金をもらうことはできません。

　そこに目を付けた銀行は、社会保険労務士と組んで「もらい忘れ年金」があるかもしれない人たちすべてに、「年金相談会」に参加するように情報告知しました。

　そして「もらい忘れ年金」が発見できた時は、ケースによっては、従来から受給している年金も含めて、相談会を実施した銀行が年金の入金口座を獲得していたのです。

　まさに SWOT クロス分析でいうところの【強み】×【機会】＝【積極戦略】が捻出されたわけです。事例としてこれほど明確でわかりやすいものはないでしょう。

> 【強み】詳細な顧客情報をたくさん保有している
>
> ×
>
> 【機会】「もらい忘れ年金」の潜在顧客がたくさんいる
>
> ＝
>
> 【積極戦略】「もらい忘れ年金」の可能性が高い人たちに年金相談会の情報提供をして相談会に参加してもらい、その結果、自行に年金口座の指定をしてもらう

この文脈と同じで、今後は銀行が「経営承継セミナー」を独自開催して相談会を実施していくことは有効な戦略でしょう。

経営承継では、銀行は税務等については得意分野ではありませんが、事業そのものについては、事業性評価融資として取り組みます。

実感として、銀行が「年商規模が小さく、後継者がいないような企業への、廃業を含めた形でのスモール経営承継コンサルティング」を主流に取り組んでいく機運が高くなっているのを感じます。

2018年（平成30年）11月時点での情報になりますが、多くの地方銀行が経営コンサルティング会社を設立していると聞きます。

（2）経営承継2つのパターン

銀行の経営承継コンサルティングには2つのパターンがあります。

1つ目は従来の年商規模が10億円以上・従業員数が50名以上・純資産額が5億円以上のいずれかを含んだ前向きな経営承継対策コンサルティングになります。

2つ目のパターンは後向きな経営承継対策コンサルティングです。「後向き」とはいい表現ではありませんが、言い方を換えると「廃業支援や再支援を含んだ経営承継コンサルティング」になります。

年商規模が3億円以下の零細企業は、少子高齢化の影響を直に受けて

います。売上及び経常利益が横ばいで推移していて、銀行融資残高も横ばいで、会社を廃業する場合に、会社を経営譲渡で売却したとしても、融資残額を返済できずに廃業できなくて困窮している会社がたくさん存在しているのです。

　零細企業の現状を知っている国は、銀行に事業評価融資の取組をさせることで企業の実態把握をして、スムーズな経営承継に結び付けるよう期待しています。

　融資残高の調整をしていきながら債権債務の清算や廃業する時に、経営者の過度の負担を軽減させることまで明言していませんが、最近の銀行の動きを観察しているとそのように感じます。

　したがって、今後は銀行しかできない年商規模の小さい経営承継の相談会が主流になっていくと考えられます。

　その前提でいくと、経営者からのヒヤリング能力や SWOT クロス分析のスキル、経営承継相談会での相談者からの話をまとめ上げる能力を身に付けていくことが金融マンの急務になります。

　金融機関にとって、「経営承継【可視化】知識の蓄積」と同時に、それを金融面で活かすスキルがますます求められています。

Chapter 5　経営承継ビジネスと金融機関のソリューション提案

コンサルティングの勘所 **5**

こんな後継者なら、社長は安心

　私（嶋田）のスタイルは、1社と長くお付き合いするコンサルティングです。必然的に経営承継期を迎えるクライアントも多くなってきます。これまでいろいろな後継者を見てきて、またコンサルティングにおいて教育指導もしていますが、その中で「この人は優秀だな」と思う人がいます。

　ダメな後継者の特徴は、あえて言わなくてもだいたいわかりますよね。しかし、優秀な後継者が何をしているのかはなかなかわかりにくいものです。

　これまで私が触れ合った「優秀な後継者」はどんな人なのか、整理してみました。

■「信頼される後継者」と言われるために気をつけること

　聖人君子を目指すのではなく、人として「当たり前」の言動と行動をするだけです。

① 能力も大事だが、まずは「人格」が優先である
② 人格とは「人様から信頼されるかどうか」で決まる
③ 後継者以前に「人」として信頼を失ってはいけない
④「二枚舌」は信頼をなくす
⑤「陰日向」も他人はよく見ている
⑥「乱れた私生活」は社長業も崩れる
⑦「激昂する性格」は部下が逃げていく
⑧「すぐ部下の責任にする姿勢」は、フォローなければ責任転嫁である
⑨「言い訳が先行する」のは、他人から見ると見苦しく映る
⑩ 問題があると「逃げ腰になる」のは、尊敬されないリーダーである
⑪「嘘をつく」のはダメ
⑫「時間を守らない」のは社会人として欠陥あり
⑬「カネに汚い」のはたぶん意地も汚い
⑭「約束をすぐ忘れる」のは無責任の象徴
⑮「ハッキリ方針を言わない」のは優柔不断な性格
⑯「目の前に何らかのトラブルやその種があるのに見て見ぬふり」をす

95

るのは、後から倍のトラブルが起こる

⑰「悪いことを素直に謝らない」のは性格的に欠陥がある

⑱「プライドが高い」のは人がついてこない

■現社長を否定する態度、言動は自身の否定につながる

　後継者自身の意見を正当化させるために、現社長を公の場で否定してはいけません。

① 親子喧嘩はいいが、それは社員がいない時にする

② 社長の方針に異を唱えるなら、直接社長と議論する（影で愚痴らない）

③ 会議や第三者がいる場で、社長を全面否定した態度や言動は慎む

■社員側でも社長側でもなく、「法人側」で判断する

　判断基準は、つねに特定の人のためではなく、「法人」としてどうかで決めます。

① 法人の使命、方針、業績を考えると、何が今必要かをベースに考える

② 社員側の考えに偏るのは、自身がまだサラリーマン意識だから

③ 社長の方針をそのまま社員に伝えるだけでは、後継者の存在意義が薄くなる

④ 会社の問題をすぐ「組織論」のせいにせず、何が不足しているかを冷静に分析する（中小零細企業では、組織を多少変えても結果は大きく変わらない場合が多い）

■ただ現場で一生懸命に働くだけではダメ

① 社員以上に一生懸命に現場で働き、社員の模範になることは大事だが、そればかりではいけない

② 後継者は現場実務をしながらも、自分は後継者であるという意識を持ち、常に原理原則に立ち返った判断をする（目の前の利益や楽に走らない）

③ 業績、利益との兼ね合い、起こっている問題の本質など、社長の立場で自分なりに判断し、（前）経営者と意見調整を行う

■現場・顧客重視の姿勢

① 何かあれば、イの一番に現場や客先に出向き、自分の目で判断する

② 現地・現場・現品の三現主義が基本
③ 顧客のニーズや真意を聞き出すのは後継者の仕事
④ 現場で働く従業員への労いを忘れず、常にアドバイスや提案を行う

■判断に合理性のある根拠を示す
① 具体的な根拠を持たず感覚論での対策は、皆からバカにされる
② 問題点の原因追究もロジカルに行う（Why ロジック、How ロジックで常に考える）
③ 現実とのギャップがある改善の対策では、実行されるまでの段取りやプロセス（過程）を明示できる
④ 新たなビジネスプランの合理性がわかる資料を用意する

■明確なビジョンを持ち、話す（自分にも言い聞かせる）
① 自分の時代の戦略・ビジネスプランを作成する
② ビジネスプランは抽象的なものではなく、その実現の可能性が他人からもわかるものにする
③ 自分が責任者となって、そのビジネスプランを確実に進捗させる
④ それを、いつも社員に語ること

■新たな戦略を是が非でも軌道に乗せる
① 自身の決意を見せ、社員からの信頼を集めるためにも、時間がかかっても必ず実現する
②「あれは、後継者が基盤を作った」と後年言われる実績を残す
③ 新商材、新顧客で、結果を出す
④ 組織改革や制度作りばかりに着手すると、いつまでも結果が出ない

　以上は、「後継者セミナー」などで講演しているレジュメから持ってきました。後継者に「スーパーマンになれ」と言っているわけではありませんが、常に社員や第三者から見られていることを意識すべきです。

Chapter 6

経営承継を成功させる50のチェックポイント

経営承継「可視化」の提案の前に、まず現状認識

　経営承継の「可視化」を提案するには、今、その企業には何ができて、何が不足しているかを把握するためのヒアリングが欠かせません。
　そこで本章では、相続税や財産承継などの税務面、資金面以外の「中小零細企業の同族承継における必要事項」を50項目取り上げました。
　これは、経営承継を考え始めた経営者に対して、50のチェックリストをもとに現状認識をしてもらうことで、今後の必要な行動を導き出すためのツールです。
　この50のチェックリストは、経営コンサルタントである㈲マースコンサルティングオフィスの佐竹悟社長が中心となって整理したものに加えて、私（嶋田）がそのポイントや再質問項目を記載したものです。
　実際の「経営承継コンサルティング」では、最初にこのチェックリストベースのヒアリングを行い、現状認識をします。

　各項目は、左側のチェック項目に対して、中央がそのチェック項目についてのポイント解説、そして右側が実施の有無や課題などの実状を記入する欄になっています。

経営承継前にオーナー社長がやるべき50か条
《その1》

	チェック項目	ポイント	実施の有無と課題
1	自分の引退年齢を決めている	期限を決めることで、いつからどんな準備が必要か見えてくる	☐
2	自分の引退年齢を周囲に公言している	公言することで、「言い訳できない状態」「逃げられない状態」になるので、否が応でも準備せざるを得ない	☐
3	後継者候補がいる	同族でも他人でも明確な候補がいればよいが、いなければM&Aや清算への準備が必要	☐
4	後継者に跡を継いでほしいと伝えている	後継者候補には、いつまでも曖昧な態度にすると疑心暗鬼になる。明言することで後継者の覚悟も違ってくる	☐
5	後継者に「会社を潰してもかまわないから思い切ってやってみろ」と伝えている	後継者の時代にはその時代に相応しい戦略がある。それを認め、支援することで後継者は思う存分力を発揮する	☐

6	周囲に後継者が誰であるか公言している	後継者本人に内々で伝えるだけではなく、周囲にも公言することで、後継者には「そう見られている」という責任感と覚悟が芽生える	☐
7	後継者に経営責任や社会的責任について教えている	経営者としての社会的責任、連帯保証、最後は自分が全責任を負う姿勢や覚悟などを詳細に教える	☐
8	後継者に、経営者は孤独で最終決断者であり、身銭を切ることもあることを教えている	最終決定はすべて経営者であり、幹部も社員も知り合いも失敗した時に責任はない。また会社を守るため、人を救うため、身銭を切る覚悟を説明しておく	☐
9	後継者に経営承継計画を説明している	承継を決めた時から、自身が代表権を外れるまでの相続、戦略、人事の一連の行動計画を説明している。または一緒に作成している	☐
10	経営承継時の社員の処遇について、後継者に説明している	役員幹部の処遇や、後継者も知らない「社長と特定社員との密約」についてハッキリ説明しておく	☐

経営承継前にオーナー社長がやるべき 50 か条
《その 2》

	チェック項目	ポイント	実施の有無と課題
11	自分の右腕に対し、後継者の社長就任時の処遇について説明している	現在の番頭格の役員や幹部に対して、後継者が社長になった時に、その番頭格の処遇がどうなるか、どんな将来計画を考えてほしいかを説明しておく	☐
12	古参の社員に対し、後継者への従順を指示している	自分には従順だった古参幹部が、後継者に対しても全面的に支援するよう明確に指示する（一般には今の社長には義理と長年の付き合いがあるが、後継者には義理も恩もないので、立てるつもりはないと考える古参幹部がいる）	☐
13	親族の処遇について対策している（※経営権の同族争いがないように整理）	後継者が同族問題で困らないように、会社での親族の処遇や立場、持ち株などを明確に決めて言明しておく。自分の死後の争族が心配なら、遺言や文書で明文化しておく	☐
14	後継者とは常に本音で冷静に話し合っている	承継後の組織、経営戦略については、2人だけで話し合う場面を意図的に多く持つ。身内といえども、不信感が出てくるケースが多い	☐

15	後継者とは毎日、報告・連絡・相談を徹底している	経営者に対して、後継者からの報連相を義務化し、経営者も後継者へ報連相を徹底する。それは2人だけで話し合うことである	☐
16	経営者の価値観を押し付けすぎないようにしている（後継者の成長の阻害要因となる）	後継者の手法や戦略を否定して、自分のやり方を強制することが多い経営者では、後継者は委縮するか反発してしまい、のびのびと育たない	☐
17	会社の経理財務について後継者に学ばせている（B/S、P/L、C/F、資金繰りの見方）	決算書の見方、自社の財務上の問題点を教え、常に「資金の意識」を持たせる。「営業オンリー」「製造オンリー」の偏った後継者にしない	☐
18	会社の資産・負債・担保・連帯保証人について後継者に教えている	資産の中身と実態、負債の中身と実態、連帯保証人としての覚悟を丁寧に説明する。実態をわかったうえで承継を覚悟してもらう	☐
19	会社の基幹業務について、後継者に経験させて学ばせている	会社の重要な業務（営業や製造等）を数年間経験させ、それぞれの部門の実状をわかったうえで、経営判断ができるよう育成する	☐
20	会社の総務・税務・法務等について後継者に学ばせている	管理業務、労働法規、会社固有の順守すべき法令や資格、税法などの根幹部分を教える機会を作る（研修やOJTで）	☐

Chapter 6　経営承継を成功させる 50 のチェックポイント

経営承継前にオーナー社長がやるべき 50 か条
《その 3》

	チェック項目	ポイント	実施の有無と課題
21	後継者に経営に関する理論的な学習をさせている	KKD（勘、経験、度胸）で経営判断せず、理論的な根拠である理論学習をする機会を与える（マーケティング論、財務戦略論、人事組織論、経営計画、製品開発論、IT 戦略論等）	☐
22	経営者や税理士しかわからない勘定科目を整理している	いろんな要素が入った代表者勘定や、整理されてない勘定科目を明確にし、後継者にも理解できるようにしておく（過去の負の遺産も明確にする）	☐
23	人の見方、評価の仕方・判断基準を後継者に教えている	経営者がこれまで実体験で裏切られたり、期待しなかった人材が貢献したり、その中でつかんだ「ヒトの見方・判断基準」は、経験不足の後継者にはありがたい教訓である	☐
24	未解決の問題点のリストを作成し毎日更新している	自分亡き後、後継者が解決しなければならない課題や問題、他人には知られたくない「汚れ」に相当する課題をリスト化しておく。後継者への「活きた遺言」になる	☐

105

25	必要保障額を確認して生命保険に加入している	自分亡き後の会社の借入金や当面の資金のため、または、経営者退職金のために標準保障額を計算し、保険加入する。その経費を賄う経営計画も考える	☐
26	お金の使い方の判断基準について後継者に伝えている	おカネには「活き銭」と「死に銭」があり、それも経営者の過去の経験から判断基準があるはずだ。それを事あるごとに伝える	☐
27	自社の企業スピリット（歴史、どん底を救った思想と行動）を後継者に教えている	後継者も知らない創業時の苦労、経験、これまでの歴史の中での紆余曲折を文書化または動画などにして「レガシー」として整理しておく	☐
28	経営者の過去の失敗談を後継者に伝えている	失敗談ほど役に立つケーススタディはない。失敗した事実より、その失敗に至った背景、考え、行動を整理し、後継者への戒めとして活用する	☐
29	販売、購買、仕入、生産、外注のコツについて後継者に教えている	各業務や機能について、長年の歴史の中で、「やっていいこと」「やってはならないこと」がある。それをカン・コツ・ツボという。それを箇条書きにして伝える	☐
30	経営者の人脈・企業脈を後継者に紹介している	経営者の人脈を自分だけにとどめず、後継者にも紹介し、また付き合いの幅を広げるようにサポートする。経営者の人脈の中で「宝の人脈」は、後継者にとっても重要だ	☐

Chapter 6 経営承継を成功させる 50 のチェックポイント

経営承継前にオーナー社長がやるべき 50 か条
《その 4》

	チェック項目	ポイント	実施の有無と課題
31	自社の取引会社、協力会社、その他関連会社に後継者を紹介している	後継者を関係会社に1回引き連れて紹介するだけでは、人脈にはならないし、社交辞令で終わる。会合、イベントなど積極的に後継者と一緒に参加し、引き会わせる	☐
32	金融機関などに後継者を紹介している	後継者を紹介するだけでなく、決算説明の場や融資依頼の場面にも参加させ、金融機関との関係性を体感させる。また融資のための事業計画の作成も税理士任せにせず、後継者に作成を経験させる	☐
34	金融機関などの折衝には、必ず同席させている		☐
33	自社の金融機関の格付け、調査機関の点数などを教えている	格付けや興信所の評価点の実態やその意味するところを教え、自社はどういうことに注意し、どんなアクションをとらねばならないかを説明する	☐
35	日頃から組織を超えた「親子喧嘩」「身内喧嘩」がないように注意している	会議や社員の面前で、親子喧嘩・身内喧嘩にならないように、言葉使い、感情の抑制を常々言っておく。文句があるなら、マンツーマンで言うルールにする	☐

107

36	息子であっても後継者の面子を潰すようなことを公の場面で発言しないようにしている	後継者にもメンツがある。人前で罵倒したり否定すれば、萎縮と反感しか残らず、経営者とのコミュニケーションがますます悪くなる	☐
37	後継者とつかず離れずの距離を保つように気をつけている	後継者が仮に息子であっても、会社での後継者という立場を優先する。社員にはルール順守を言うのに、後継者や同族は特別扱いにならないようにする	☐
38	後継者には即重要なポジションを与えるなど、特別扱いはしていない	自社で経験や実績がない後継者は、まず社内修行期間を設ける。そして、実績を出させた後、ある期間を過ぎたら重要ポストに引き上げる	☐
39	相続税、株価対策、株の所在場所（分散株）等について教えている	相続税対策では株評価が重要なので、どんな計画で株価対策をするか、誰がいくらの株を持っているか、その株を一元化するにはどうすべきか、税理士も同席の場で教えておく	☐
40	後継者が就任前後に「新経営ビジョン」などを決められるように教えている	後継者時代の会社の将来像を「新経営ビジョン」として作成するように指導する。特にマーケティングの方針、差別化商品、顧客方針と社内組織の方針を明確にさせる	☐

Chapter 6　経営承継を成功させる50のチェックポイント

経営承継前にオーナー社長がやるべき50か条
《その5》

チェック項目	ポイント	実施の有無と課題
41 新会長と新社長の職務範囲（責任範囲）をキチンと決めており、それを後継者と共有している	院政や二頭政治にならないように、あらかじめ職務責任範囲や権限委譲計画を、双方が話し合い文書化しておく	☐
42 社長と役員と後継者で話し合い、基本的な職務分掌を決定している	後継者が社長になった時に前社長である会長の職務責任範囲、他の取締役や幹部の職務責任範囲を明文化することで、「後継者が各役員・幹部に求めること」を明らかにする	☐
43 後継者を中心とした経営方針・年度経営計画が作成できるように教えている	承継方針が決まったら、毎年事業年度計画の時期に、経営計画書の作成を後継者中心に取りまとめ、発表とモニタリングをさせる。それは経営者にとって重要な仕事である	☐
44 新社長を中心とした役員会、経営会議の運営方法を教えている	これまで会議運営の型が決まっていないとか、経営者が司会も指示も行い独演会になっているなら、後継者の時代には、有効で効率的な会議運営を考え実行させる	☐

No.	項目	説明	☐
45	後継者は社員や顧客、取引先から、人間的に好かれている	人として好かれるかは「信頼されるかどうか」にかかっている。性格は変わらないが、約束を守る、行動が早い、報連相が良い、潔いなどの行動面で好かれることが大事である	☐
46	後継者は社員、顧客、取引先に何かを頼んだり謝る時、誠心誠意頭を下げて陳謝懇願できる	プライドばかり高く、頭を下げない後継者には社員も関係先もついてこない。後継者として信頼されるには、この当たり前のことが当たり前にできることが大事	☐
47	後継者は古参幹部や役員の経験やノウハウ、知識を上手に活用している	「考えが古い」「頭が固い」と古参幹部を煙たがり、遠ざける後継者には、古参幹部も協力したくない。過去の経験という大事なノウハウを教えてもらうほうが利口である	☐
48	後継者に時間、お金、約束事を社員以上にしっかり守るように教えている	人の信頼は、時間とカネの約束事の順守と、社内社外ルールをしっかり守ることから始まる。社員以上にそれを徹底させるように後継者を指導しなければならない	☐
49	自分の財産目録を作成している	自分亡き後、どんな財産があるのかわからないと後継者も困る。わかりやすい不動産や現金預金、有価証券以外にも、貸付金などがあれば、整理しておく	☐
50	自分のリタイヤ後の計画はすでに立てている	経営者のリタイヤには段階がある。その段階別に自分の「やりたい事の計画」を整理する。仕事しかない場合は、やるべき業務を段階的に記す	☐

② 経営承継 50 のチェックの後

　このチェックの結果、いろいろな課題や準備ができていないことが明確になります。

　それらは、次の「経営承継の【可視化】」の作業である、「経営承継 10 か年カレンダー」の年度別実行計画へ記載されることになります。

　この「経営承継 50 のチェックリスト」は、コーディネーター（税理士、金融機関、生保営業、コンサルタント等）が経営者に対してまず聞き取り調査をして、課題を整理します。場合によっては最初から、後継者または社長夫人も入れて皆で話し合いながら進めることもあります。

　こういうチェックリストを使うことで、経営承継における「本音の議論」ができるようになります。

コンサルティングの勘所 6

コンサルタントや会計事務所職員の禁句ワード10

　どんなに素晴らしいコンサルタントや会計事務所職員でも、長年の指導実績がある顧問企業に対して、言ってはならない「タブーワード」というのがあります。

　これを聞いた時、クライアントも同業者も一気に興ざめしてしまいます。そして、そのコンサルタントや会計事務所職員の「人格」や「人間性」に疑問を持つわけです。さらにそれがトリガー（引き金）になって、解約にまで発展する可能性があるので要注意です。

1.「あの企業は私が業績を上げた」「私の指導であそこまでの売上になった」

　これに近い言い方は結構やっているようですが、コンサルタントや会計事務所職員が企業の業績を上げたのではありません。指導の結果、経営者や社員の頑張りでそうなっただけです。だから、こんな表現をするのは傲慢です。

　もし言い方があるとすれば、次のような表現でしょう。

　「私がコンサルティングに入った時点では売上が10億円でした。今50億円になっていますが、経営者の戦略が功を奏した結果ですね」

　こう言えば、間接的に「このコンサルタントが一役買っているな」と暗黙でわかるものです。「自分から自分の功績」を言う必要はないですね。

2.「社長、このとおりやれば間違いありません。他でもうまくいったのです」

　自分のやり方が100％正しいというスタンスの言葉です。戦略は絶対成功するのではなく、「成功する可能性は高い」というのが現実的な言葉です。

3.「他の企業ではこの方法は成功した。おかしいですね。なぜ御社だけうまくいかないのか？」

　暗に「あなたの会社だけ、私のやり方で失敗したんだ」と言いたいようです。

　どんなコンサルティング・メソッドも企業の持つリソースで変わるものです。相手を責めるような言い回しは厳に慎むべきです。

4.「それを考えるのは私ではなく、御社です。それはコンサルタントの仕事ではありません」

社長が困った案件での相談です。

確かにコンサルタントの業務範囲外のことかもしれません。しかし、これは冷たい言い方で、相手を突き放した表現です。

5.「これ以上のノウハウが必要でしたら、後は別料金になります」

これは低価格のコンサルティング料で、相手が必要以上にノウハウや指導回数、時間を要望する時に、ついつい言いたくなる言葉です。

事実だし、決して悪い言葉ではありませんが、「おカネ次第だよ」みたいな言い回しは避けたほうが無難です。

6.「私のやり方が気に入らないのなら、解約をされてもかまいませんよ」

クライアントの中には、コンサルタントの指導方法を否定したり、コンサルタントに責任転嫁する人もいます。正直いうと、「そこまで言うなら、コンサル契約を止めればいいのに」と思うこともあります。

それでも、こちらから解約を申し出るのはあまり得策とは言えません。こんな言葉はコンサルタントが上から目線で仕事をしている感じですね。

7.「なぜ、そんなやり方をしたんですか？　事前に相談してくれればよかったのに」

クライアントがやったことを批判しているようにも受け取れます。

8.「このやり方以外に結果が出る方法を私は知りません」

「この方法が唯一絶対」みたいな表現です。そんなことはあり得ないし、これを言うと責任が発生します。

前述のように同じ業界でも、同じ課題でも、各企業の持つリソースが違う以上、絶対はあり得ないわけです。

9.「そんなやり方をしても、私は責任はとれませんよ」

これもコンサルタントが上から目線で指導している時ですね。

実際にコンサルタントが責任をとることなんてできません。これはコンサルタントというよりは、共同経営者みたいな意識がある人かもしれ

ません。

10.「私と一緒に決めたことを、相談もなく変えましたね」

　実際にはよくあることです。

　前の経営会議で一緒に決めたことが、次に訪問して確認したら違う決定になっていた、みたいな時です。

　しかしそれは、コンサルタントと協議後、さらにいろいろな意見を聞いて熟慮した結果の変更だったからです。コンサルタントのプライドが高すぎると、こんな表現を使うかもしれません。

　「無くて七癖」と言います。

　お互い知らないうちに、くせでタブーワードを使っていたら大変です。今一度、自身を見直したいものですね。

Chapter 7

「経営承継計画10か年カレンダー」で全体像を見る

「経営承継計画10か年カレンダー」

(1)「経営承継10か年カレンダー」の意義

　経営承継を考えだした経営者は、当初は漠然としたイメージしか湧かないようです。
　「70歳で社長を息子に譲ろう」
　「65歳過ぎたら、代表権は持つが後継者中心に経営責任を持ってもらおう」
　「会長になったら、少しゆっくり人生を考えよう」
　資金・相続対策だけではないこういう漠としたイメージの後、すぐ思いつくのは、
　「経営者退職金はいくらにしようか」
　「相続税はどれくらいかかるか、今からどんな株価対策が必要か」
　「贈与や財産分与はどうしたらよいか」
　いわゆる「おカネ」に関することです。
　そして、多くの場合、顧問税理士に相談して、相続や相続税の対策をスケジュール化していきます。
　ところが、経営者退職金にせよ、後継者が相続税の負担をするために、役員報酬をいくらにすべきかなど、「おカネ」の問題は会社の利益と相関関係にあります。
　後継者によほどの現金預金がない限り、役員報酬から徐々に贈与をしていく形になるでしょう。
　すると、役員報酬を上げても、経営者退職金保険の掛け金を上げても、

利益を出し続ける経営をしなければなりません。そのためには、独自の経営戦略を構築し、利益が出る体質にすることも同時進行しなければなりません。

だから経営承継計画とそのスケジュールは、相続税や資金対策、争族対策だけでは不十分なのです。

さらに、後継者時代の役員や幹部などのネクストキャビネットも想定して、人事や配置を考えたり、同族幹部の処遇を考えたり、いろいろな要素を想定してスケジュールが立案されます。

しかし、一般の会計事務所や金融機関が提案する「経営承継スケジュール」は、その経営戦略の骨格がほとんど抜け落ちています。

「その分野は社長が考えることです」

「その分野は専門の経営コンサルタントにでも相談してください」

と、他人事にしているようにも思えます。あるいは、その分野の指導責任を取りたくないから、ということなのかもしれません。

でも経営者の立場からすれば、「せっかく経営承継計画を立てるんだったら、そこまで面倒見てよ」と思っている人も多いはず。

そんな時、この「経営承継10か年カレンダー」の実例を見せて、

「社長、相続税や資金対策以外に、中期計画や経営戦略、経営幹部の職務責任、後継者の経営管理スケジュールまで、当事務所はトータルで指導しますよ」

と提案すれば、大きな付加価値として認識されるはずです。

(2)「経営承継10か年カレンダー」の事例

「経営承継10か年カレンダー」の事例を紹介します。

この事例は、製造業向けの資材や小規模設備を販売する年商8億円未満の中小企業です。

創業社長には2人の息子がおり、長男が後を継ぎ、次男が製造の責任者として兄を支えるという構図ができています。

経営承継10か年カレンダー（長期計画）

	現在／年数	2007年（現在）	2008年	2009年	2010年	2011年
役員年齢	Y社長（創業）	63歳	64歳	65歳	66歳	67歳
	R専務（弟）	55歳	56歳	57歳	58歳	59歳
	Y常務（妻）	58歳	59歳	60歳	61歳	62歳
	H部長（長男）	35歳	36歳	37歳	38歳	39歳
	K課長（次男）	32歳	33歳	34歳	35歳	36歳
職責	Y社長（創業）	代表取締役社長	代表取締役社長	代表取締役社長	代表取締役社長	代表取締役社長
	R専務（弟）	専務取締役（営業）	専務取締役（営業）	取締役副社長（営業）	取締役副社長（営業）	取締役副社長（営業）
	Y常務（妻）	常務取締役（経理）	常務取締役（経理）	常務取締役（経理）	常務取締役（経理）	取締役（経理顧問）
	H部長（長男）	取締役営業部長	取締役営業部長	専務取締役	専務取締役	専務取締役
	K課長（次男）	課長（生産部）	副工場長	副工場長	取締役生産部長	取締役生産部長
業績	売上（本体）	778,000	780,000	759,000	792,000	800,000
	売上（G会社）①	0	0	0	0	0
	売上（G会社）②	0	0	0	0	0
	連結経常利益率	3%	2%	0%	2%	2%
継栄基本方針		創業以来35年、材販を通じてインフラに貢献してきたビジネスモデルに固執しない。時流にあわせて時々の縁（に基づいて、「人様から後ろ指を指されない経営」を貫く。				
基本政策	材販関係	一般材販の原料高で将来不透明かつ市場規模が年々縮小傾向。今まで経営の母体であった材販部門の依存度が				
	メンテ関係	ストックビジネス市場の拡大で、今までの施工物件に関するメンテサービスパックはニーズが高まる。将来的				
	販社関係	市場規模が縮小しているとはいえ、全国ではまだまだ未開拓の市場がある。全国販売代理店のネットワークを				
	一族関係	一族で独立意思のある者はそれぞれ一国一城の主として分社による責任を持つ。ただし、本社はすべての株式（目指す。社長の判断で各子会社の経営者は本社の取締役も兼務する。				
事業ドメイン（領域）・経営戦略		本社材販部（64%）	本社材販部（60%）	本社材販部（50%）	材販部門の縮小（40～50%維持）	
		本社非材販（19%）	本社非材販（20%）	本社非材販（20%）	非材販部の維持	
		東京材販部（10%）	東京材販部（10%）	東京材販部（15%）	東京材販部の	
		本社メンテ部（7%）	本社メンテ部（10%）	本社メンテ（15%）	メンテ比率拡大	
経営幹部基本役割責任	Y社長（創業）	経営全般の責任。生産部門の総括責任。対外的な活動（商工会、法人会他）				
	R専務（弟）	営業全般の責任。東京販社の総括責任。顧客管理、業界の付き合い、情報交換				
	Y常務（妻）	経理、総務全般の責任。後継者であるJ部長（長男）の嫁の経理財務の教育。				
	H部長（長男）	営業全般の副責任。新規開拓責任。メンテ部門総括責任。R専務から営業管理ノウハウを習得する				
	K課長（次男）	生産全般の副責任。品質、コストの副責任。製品開発責任。T工場長から生産マネジメントの習得する。				
	T工場長	生産全般の責任。品質、コストの責任者。K課長（後に生産部長）の工場長としての指導育成。		工場長顧問。K生産部長の補佐。品質保証場長を支える。		
	Y室長	原価管理と積算責任者。H部長（後社長）の社内ブレーンとして、一緒に経営幹部教育を行う。		企画部部長として、経営全般の参謀役。新		
	J管理主任（長男妻）	総務、経理全般の副責任。Y常務の管理部の後継者として、労務、人事、庶務の主業務を中心に、徐々に金融、財務、会計業務も経験していく。		業務部の経理課長として、Y常務の業務を補佐する。		
資金対策	退職金、相続税資金、大型設備投資等	※社長、専務、常務は付保済み		長男への付保（退職金準備）	次男への付保（退職金準備）	
相続税対策	遺言状、贈与、相続税対策	※自社株評価額…□円／株	●Y社長の財産把握→相続税額の試算→遺言書作成	相続人を受取人とする生命保険へ加入	●Y社長の株式を長男へ贈与開始	
金融対策	金融機関対策、調達、借入、保証	※メインは○○銀行。その他2行	格付けの把握		金利交渉	経営者保証をなくす交渉開始
その他承継に関する予定		●事業承継10か年カレンダー作成●取締役職務責任文書化	●代表者勘定の中身と分散株状況を長男に説明（今後の対策スケジュール作成）●弟（現専務）に分社と本社経営関与の方針とルールを説明（子会社譲渡の方向で）	●中期経営ビジョン作成（長男を中心に）●行動規範・経営判断規定作成（社長と長男、次男）●承継計画を金融機関へ報告（長男が専務就任時）		

	㈱Y産業	作成者（Y社長、常務、部長、R税理士事務所）H18年12月

2012年	2013年	2014年	2015年	2016年	2017年
68歳	69歳	70歳	71歳	72歳	73歳
60歳	61歳	62歳	63歳	64歳	65歳
63歳	64歳	65歳	66歳	67歳	68歳
40歳	41歳	42歳	43歳	44歳	45歳
37歳	38歳	39歳	40歳	41歳	42歳
代表取締役会長	代表取締役会長	取締役会長	取締役会長	取締役	相談役
取締役顧問	取締役顧問	退任（子会社譲渡）	退任（子会社譲渡）	退任（子会社譲渡）	退任（子会社譲渡）
取締役（経理顧問）	取締役（経理顧問）	退任	退任	退任	退任
代表取締役社長	代表取締役社長	代表取締役社長	代表取締役社長	代表取締役社長	代表取締役社長
専務取締役生産部長	専務取締役生産部長	生産部門分社社長	生産部門分社社長	生産部門分社社長	生産部門分社社長
800,000	800,000	800,000	800,000	800,000	800,000
0	0	100,000	100,000	100,000	100,000
0	0	100,000	100,000	100,000	100,000
3%	3%	3%	3%	3%	3%

営陣の判断でビジネスモデルは変えていく。ただし、すべての価値基準は、H18年に作成した『経営理念』をベースとした『Y-Way』

長期的に下げて、仮に材販部門から撤退しても経営が成立するようにする。

にはメンテ専門会社も設立し、ストックビジネスによる収益づくりを行う。

構築し、東京のみ分社化で販社設立。

51%以上は持つ。時々の判断で異なるが、本社が厳しい局面になれば、子会社は本社を積極的に支援し、強固なグループ経営を

本社材販部の生産部門のファブレス化

非材販部の独算化	非材販工場分社化（次男）
立・独立採算制	東京販売設立分社化（弟）
メンテ部の粗利構成比30％超	メンテ部門の別会社化（社長は長男）

対外的な活動（地域、業界、商工会等）。経営監査業務（現場監査）。	経営の第一線から退任
社長と同時に現場責任者を降りる。本社取締役として監査に協力する。	東京販売の支社を設立し経営者になる。全国販売の仕掛け。東京販売から本社とグループを支える。
社長退任時に、管理部の顧問として後進の育成。	原則、経営業務に関与しない。

後継者として経営全般の責任を負う。対外活動以外はすべて責任を持つ。金融、会計についても常務の指導を受けながら、学習する。

本体の取締役として次期社長を補佐する。また生産部門の子会社化にともない、子会社の経営責任を負う。

の責任者として、エ	定年退職後（継続雇用）・・・本人の健康と意思によりできるだけ頑張ってもらう（年契約の継続雇用）
社長の補佐を行う。	取締役企画部長として役員へ登用 →
業務部長として、管理部門全般の責任を持つ。その後状況に応じて取締役就任の検討を行う。	→

保険解約により専務、常務へ退職金支給 （2014年）　保険解約により社長へ退職金支給 （2016年）

事業承継税制の適用検討 ｜ 相続税再試算→遺言書の見直し （2013年） ｜ 相続税再試算→遺言書の見直し （2016年）

●承継後の古参幹部の処遇決定と本人に個別面談（社長）

※このシート（PDF）を入手することができます。詳細は「あとがき」をご覧ください。

この企業は創業当初から、営業の責任者である現社長の弟（専務）と二人三脚で会社を成長させてきました。社長の弟、すなわち、後継者から見れば叔父にあたるわけですが、彼の処遇が1つの課題でした。

　この企業のグループ会社である東京の販売会社は大きな資産でしたが、それを弟に分社して分け与え、本体を子どもたちが経営する形態にしました。

　そして、営業出身の長男を社長に、製造出身の次男を取締役製造部長に据えます。次男はいずれ製造子会社の社長も兼務するという構想です。

　同時に、現社長の遺言により、本社が子会社の51％以上の株を持ち、それを基本政策に入れていることで、本社のガバナンスを利かせることも忘れてはいません。

　事業ドメイン（領域）、経営戦略では、「縮小するビジネス」と「成長させるビジネス」を決めています。当然、今後もこのようになるか不透明ですが、「儲からないビジネス」から「儲かるビジネス」にシフトしている計画であることは言うまでもありません。

　この経営戦略は、SWOT分析を使って、今後の経営戦略の青写真を決めたわけです。

　カレンダーの見方を説明します。

　中央の色付きの部分は、今後の事業方針と同族役員、社員幹部の今後の職務範囲や職務責任を大まかに表記しています。

　経営承継期間である2011～2012年を境に、同族の役割責任が変わっているのがわかります。また、それに沿って後継者時代の役員幹部の処遇の概要も決めています。

　「資金対策」「相続対策」「金融対策」「その他承継に関する予定」では、顧問税理士の計画も聞き、また先述の「経営承継50のチェックリスト」からの準備不足箇所については、年度計画に記載しています。

　これらは、顧問税理士事務所の会議室で、経営者、後継者、顧問税理士

とわれわれ経営コンサルタントが一緒にヒアリングしながら、その場でパソコンに入力していきながら作成したものです。

10年後もこのとおりに進行する保証はありませんが、これをベースに、今後の見直しや修正が図れる土台になったのは事実です。

重要なのは、この10か年カレンダーの作成作業を通じて、経営承継の可視化や共有化が図れるということです。

② 経営承継10か年カレンダーの書き方

(1) 各自の年齢、社長交代時期、役職予定

　経営者または後継者と共同で議論する場合は、この「経営承継10か年カレンダー」をモニターやプロジェクターで見せながら、検討結果をその場でパソコンに入力しながら、一緒に確認しながら進めます。

　まず、社長が考える承継時期、同族役員の処遇、職責、呼称を言ってもらい、それをフレームに記載します。

　役職名は後からの戦略検討次第でどんどん変わるので、その時に修正を加えます。

　とにかく気にせずどんどん記載します。

　そして、10か年の売上や利益のだいたいの予想を記載します。

　将来戦略が決まっていない場合は予測が難しいですが、現状をベースとした実現可能な売上・利益目標にします。5年後以降はほとんど根拠もないので、同じ数字でもかまいません。

(2) 経営理念・経営（経栄）基本方針の整理

　経営承継後も守ってほしい価値観（理念、社是、使命感等）や経営（経栄）基本方針について、社長の思いを聞き、それを文書化します。

　記入スペースがある程度決められているので、あまり長々とならない程度にまとめます。ここでのポイントは、経営者の代が変わっても「大事にしてほしい価値観」です。

どんなことを聞き、文書化すればよいか？

- お客様に対する姿勢
- 商品に対する姿勢
- 価格に対する価値観
- 役員・幹部社員に対する姿勢
- 組織運営・会社形態に対する姿勢
- おカネに関する価値観　　等々

　こういうものから、経営者が特に大事にしている考えを箇条書きに整理します。

　「経営基本方針」を「継栄基本方針」とわざわざ当て字にしているのは、「継続して繁栄し続けるための価値観」「時代がどんなに変わろうとも不変の基本原理」を記載していただきたいという思いからです。

（3）部門方針や事業戦略の整理

　部門方針は、各事業部門や営業、製造、開発、店舗などの「収益部門」の基本的な方向性を書き出します。

　ただし、この部門方針や事業名・経営戦略が明確でない場合、いったん空白のままにして、次の作業に入ります。なぜなら、今後の経営戦略の骨格をなす部分なので、いい加減な表現はできないからです。

　そこで、後述する「SWOT分析を使った中期計画」を作成後に、再度この欄に戻って記載してもよいでしょう。

　後継者の時代の経営戦略が決まっている場合は、ここでは表現の検証を行います。

経営戦略の表現の検証のポイントは、

- 顧客戦略、商品戦略は、固有名詞で「何を、どこへ」がわかる表現か
- 同業他社と差別化された武器や戦略が含まれている表現か
- ニッチ市場でのナンバーワン戦略の表現か
- 付加価値競争または価格競争にしても「勝てる理由」があるか
- 荒唐無稽な戦略ではなく、自社の「強み」や既存の経営資源が使える戦略か

こういう観点から、事業戦略の中身を検証します。

その中身がまだ曖昧で抽象的な表現なら、「SWOT分析を使った中期計画」を立案することをおすすめします。

(4) 経営幹部の承継前後の役割責任の明確化

次期会長、次期社長を含めた役員人事案を検討します。

最初に現経営者の意見を聞き、経営者自身の今後の予定から決めます。

その後、後継者も交えて、経営者の引退から逆算した役割責任を検討し、続いて他の役員幹部の人事まで検討します。

特に同族役員や幹部の処遇については、社長夫人も同席して確認しあいながら進める場合もあります。同族の処遇が決まらないと、その後の他人役員や幹部のあり方も決まらないので、ここはしっかり議論して、「確実に決めて」もらわないと困ります。

われわれコーディネーター（コンサルタントの役割）は、経営者や後継者、社長夫人の意見を聞きながら、前述の「継栄基本方針」「部門方針」「事業領域・経営戦略」の中身との整合性を照合すると同時に、次のような質問をして調整作業を進めます。

「その役割責任ですと、〇〇部門の長は身内がやらないということになりますが、それでいいですか？」

「先ほどの○○戦略は、長男が責任者と言っていますが、これでは責任者が曖昧ですよ」

「社長が大事だと言っている基本方針、基本政策と、担当者の力量が合わないですね。それでもいいですか？」

などと、矛盾点を指摘しながら、妥当な組織になるように誘導します。

その結果、「何でも兼務役員」が誕生する場合があります。

「なんでも兼務役員」は、実際には「何もできない・何もやらない役員」を意味します。それでも、その人が「最終責任者ですよ」という決定は重いわけです。中期的に補佐を育成したり、新たに採用したとしても、最終責任者は、その役員の責任と権限で進めることになります。

また、後継者時代の

- 補佐役、ナンバーツーは誰か
- 右大臣、左大臣は誰か
- そういう幹部が今いなければ、誰がその任になる可能性があるか
- その人を育成するにはどんな経験を積ませるか
- ポスト○○専務の業務は誰が受け継ぐか
- 後継者時代の新組織にするための新たなポストには誰が適任か

等がここで議論されます。その議論の結果を記載するのです。

(5) 資金対策・相続税対策・金融対策、その他を計画化

一番下段の項目は、相続の専門家などが一般的に作成する「経営承継計画」です。

後継者時代の経営戦略や組織のおおよその形を議論し整理したら、実際の経営承継のための行動計画を立てます。

対策は大きく分けて、「資金対策」「相続対策」「金融対策」「その他承継

に関する予定」です。1つずつ見ていきましょう。

【資金対策】

経営承継関連の今後の大型の資金需要計画（支出関連）を入れます。

- 経営戦略や事業を維持するために必要な設備投資
- 経営者退職金資金（保険でカバーできない慰労金等）
- 経営者退職とリンクする古参役員幹部の退職金
- 自社株購入
- 増資や第三者割当　等々

【相続税対策】

ここは一般的な相続や贈与の相続計画です。

- 遺産分割の中身決定（相続対策）
- 遺言書の作成予定
- 相続税・贈与税対策
- 株評価
- 株の移譲や一元化などの対策

【金融対策】

対金融機関との行動予定がここに該当します。

- 既存の金融機関との取引戦略
- 新規金融機関の取引
- 設備投資にともなう借入
- 大型の資金移動にともなう返済計画
- 経営者保証の在り方　等々

【その他承継に関する予定】

ここでは「経営承継 50 のチェックリスト」から、準備していない項目を取り上げ、年度行動計画に入れます。

- 同族関係・古参幹部の処遇決定や告知
- 代表者勘定の処理や指導
- 承継後のビジョン作成　等々

この「経営承継 10 か年カレンダー」は、A3 の用紙 1 〜 2 枚のシートに、大方の予定を網羅して記入します。

これを後継者と一緒に作成することで、後継者も自分の時代の責任を痛感し、意識も変わっていきます。

経営承継10か年カレンダー（長期計画）

	現在／年数	年（現在）	年	年	年	年	年
役員年齢							
職責							
業績	売上（本体）						
	売上（G会社）①						
	売上（G会社）②						
	連結経常利益率						
継栄基本方針							
基本政策							
事業ドメイン（領域）・経営戦略							
経営幹部毎基本役割責任							
資金対策	退職金、相続税資金、大型設備投資等						
相続税対策	遺言状、贈与、相続税対策						
金融対策	金融機関対策、調達、借入、保証						
その他承継に関する予定							

Chapter 7 「経営承継計画 10 か年カレンダー」で全体像を見る

作成年月日	会社名	作成参加者		
年	年	年	年	年

各役員の年齢を記載

将来の役職予定を記載。特に経営者は「何年後に代表を委譲または取締役の退任」なども記載

売上計画は詳細はわからなくても可。当面の目標売上を書く

後継者も連綿と続けてほしい経営理念や会社経営の姿勢を文書化

各事業部や各部門の5年程度先までの予想を書く。同族関係は、争族にならないよう、企業統治の方針を文書化

経営者以下取締役、または後継者の時代の取締役候補と、主な役割分担を書く。役職と権限委譲の整合性をとる

資本政策は、設備投資、退職金などの大型資金需要の計画を記載

相続対策は遺言書、相続税対策、株評価、株の移譲や一元化などの対策や行動予定を書く

金融政策は、銀行との取引の戦略、保証関係などがあれば書く

資金面以外で、同族への根回し、後継者への情報公開など。現経営者在任中のウミなどの処理計画を記載

※このシート（PDF）を入手することができます。詳細は「あとがき」をご覧ください。

コンサルティングの勘所 7

長期経営顧問企業でコンサルタントがやってきたこと❶

　私自身の定義として、一般の経営顧問の契約期間は 10 年です。しかし、10 年を超えて、12 年、17 年、20 年、22 年、25 年の超・長期経営顧問が 5 社あります。毎月 1～2 回のコンサルティングで訪問しているので、25 年ということは、

　25 年× 12 か月× 2 回＝延べ 600 回のコンサルティングをしてきたことになります。といっても、経営会議や役員会が中心なので、すべてコンサルティングの回数とは言えませんが。

　本来の経営コンサルタントの経営顧問というのは、税理士の顧問と違い、ある程度年限が決まっています。1 年契約とか 3 年契約とか。しかし、私の顧問の平均年数は 8 年ぐらいです。8 年間は毎月コンサルティング料をいただいているので、当然、コンサルタントファームとしての収入が見えるわけです。

　安定した事務所経営の基本は、この固定収入であることは言うまでもありません。そこで、20 年とか 25 年とかの超・長期経営顧問企業に対して、私は何をしてきたのか、その共通点はどこにあるのかを整理してみましょう。

　① 経営理念を一緒に作ってきた
　② リストラ時に具体的に貢献した
　③ 親子仲裁をしてきた
　④ 時折、幹部勉強会を実施
　⑤ 飲みに行く回数は 1 年に 2 回程度
　⑥ 経営会議の司会と書記
　⑦ 経営計画書の毎年作成

　このうち、①と②について述べましょう。

①経営理念を一緒に作ってきた

　経営理念とは、経営者の「経営なんてきついことばかりなのに、なぜやるのか」「経営者としての目的やゴールは何か」などの経営者の「精

神的な支柱」と言えるものです。その思いを一緒に議論し、一緒に言葉にし、一緒に守っていくのです。

　私が長年携わっている顧問企業は、ほとんどが経営理念づくりに私が関与しています。そして、その経営理念を社員にもわかるように「小冊子化」します。その小冊子のコンテンツはコンサルタントが作成します。

　経営理念という経営者の精神的な支柱に貢献したことが、単なるコンサルタント契約ではない、特別な関係になっているようです。

②リストラ時に具体的に貢献した

　長年顧問をしていると、「経営の緊急事態」にも遭遇します。

　売上改善を待てない状況、これ以上の支出は倒産の憂き目にあうような状態です。一般には「リストラ」と称し、厳しい経営改革、撤退縮小、賃下げ、解雇などをともなうこともあります。

　20年以上の顧問企業は大なり小なりその経験があり、コンサルタントは「役員や幹部からは言いにくいこと」を経営者に進言し、改革案を一緒に練って、黒子としてサポートしてきました。時には、特定の社員に対して直接の「三行半」を経営者の代わりに言ったこともあります。リストラのコンサルティングは経験が必要です。

　私もバブル崩壊後、1990年代の総量規制などの時、リストラのコンサルティングを数多く手がけました。そういう緊急事態を一緒に乗り切った同志という印象が経営者にはあるのでしょう。だから続くと思われます。

Chapter 8

SWOT分析を活用した中期経営計画と独自戦略

① 経営承継後の「勝ち残る戦略」と「中期経営計画」

(1) 経営者・従業員・取引先の不安

　現経営者が人望があるほど、周囲は後継者に不安を覚えるものです。

　「これまでは何とか経営ができたが、今後しっかり舵取りできるだろうか」

　「後継者はどんな経営戦略で、会社を潰さないようにできるのだろうか」

　このように、経営承継時に後継者に対する不安がないというケースはありません。

　会社で働く従業員も大なり小なり、不安感を抱いています。

　「リーダーシップもカリスマ性もないのに社内をまとめられるだろうか」

　「後継者は何ら事業への功績もないまま経営者になるが、この人は大丈夫なのか」

　「現社長と違って考えが甘いジュニアだと、会長の眼が届かなくなったら、会社を潰すのではないか」

　「後継者は、会社をどんな方向に導こうとしているのか」

　さらに取引先においては、「取引継続」と「信頼関係」の維持が可能かどうかを心配します。

　「現社長のように歴史を知り、苦労してきた経験がない後継者で大丈夫だろうか」

　「長年の取引の条件を変えられるのではないか」

　「現経営者のように、人間として信頼できるのだろうか」

(2) 後継者には「わが社はこの戦略で未来を創る」根拠が必要

後継者に対する不安が顕著に出るのが、経営方針や経営戦略です。

「後継者はどんな経営戦略を考えているのか」

「今の業績不振をどう立て直すのか」

「どの分野、どの事業領域を伸ばそうとしているのか」

「どんな差別化をしようとしているか」

こういう問いに対して、明確な方向性を打ち出すことが求められます。

先述したように、「前例踏襲」では、現経営者も従業員も取引先もより一層不安感が増します。

そこで承継前に、後継者を中心に「独自の経営戦略・マーケティング戦略」を立案し、「わが社はこの方向で独自性と差別化の戦略を打ち出す」と明言することです。そのためには、その経営戦略を選択した根拠が必要になります。思いつきや思い込みで、軽々しく未来戦略を公言すると、あとで方針撤回や根拠なき修正などで大きくブレることになります。

こと戦略においては、「朝令暮改」は後継者としての資質を疑われ、「このジュニアじゃ……この会社はダメだ」と烙印を押され、有能な従業員から次々に退職していくかもしれません。

(3) 曖昧な方針や戦略ではなく、中期経営計画として数値化

明確な経営戦略とは、「どんな商品・サービスで、どの顧客やマーケットに対して、どんな価格戦略で、どれぐらい販売するか」を数値として計画に直結させなければなりません。

漠然と「今の売上5億円を5年後には10億円まで持っていきたいなあ」と思っても、その根拠となる経営戦略が明確でなければ、後継者の集中力も、従業員のモチベーションも上がりません。

「明確な経営方針」「市場での生き残り対策」「ニッチ市場でナンバーワ

ン戦略」を明確にして、それを数値として「中期経営計画」にすることが、後継者にとって経営承継前後に必要な行動となります。

　では、どのようなメソッドを使って、独自の経営戦略や中期経営計画を立てればいいのでしょうか？　それが次項で解説するＳＷＯＴ分析です。

② 時代に合った経営戦略はSWOT分析を活用する

私たちは、これまで多くの中小企業の経営者や後継者と一緒に、「SWOT分析を使った中期経営計画」を指導してきました。

その事例をもとに、SWOT分析の有効性について述べます。

(1) SWOT分析とは何か

SWOT分析は、企業の評価のための戦略ツールとして、1960年代にアメリカ、スタンフォード大学の研究プロジェクトでアルバート・ハンフリー氏によって開発された分析手法です。50年以上の歴史のある企業分析の手法ですし、中小企業の分析に特に有効です。

SWOT分析とは

1	自社の内部要因である「強み」(Strength) の頭文字＝	「S」
2	自社の内部要因である「弱み」(Weakness) の頭文字＝	「W」
3	外部環境で今後の可能性やチャンスを示す「機会」(Opportunities) の頭文字＝	「O」
4	外部環境で今後のリスクや厳しい状況を示す「脅威」(Threat) の頭文字＝	「T」

各要素の頭文字から **SWOT分析** という

SWOT クロス分析（イメージ図）

		強み（S）
	A	「機会」の市場・顧客ニーズに対応できる技術（優位）の「強み」は何か
	B	顧客に安心感を与えるアフターサービス方針　何か
	C	他社より抜きん出ている固有ノウハウ（生産面等）は何か。また「強み」に活かせる取扱
	D	他社では取り扱えない、商品取扱の権利（特は何かあるか
	E	特に強い顧客層・エリアはどこか。それはなせ
	F	他社との差別化につながる顧客への営業支援務、バックアップ（制等）での「強み」は何

外部環境	機会（O）		組み合わせ番号（例〈2〉-B）	【積極戦略】自社の強みを活かして、さらに伸ばしていく対策。または積極的に投資や人材配置して他社との競合で優位に立つ戦略
	〈1〉	同業者や異業種を参考にして、高付加価値のニーズに対応した「高価格商品」を実現するには、どんな具体的な商材・サービスを開発又は開拓すれば可能か		
	〈2〉	現在の商材に対して、サービスや機能、容量、頻度、手間を大幅に減らし、デフレに応じてどういう「低価格商材」を実現すれば、販売チャンスは広がるか		●即実行する戦略や具体策 ●重点方針や突破口作戦になる戦略 ●人員も費用もかけて取り組む戦略
	〈3〉	クラウド、web、facebook、ツイッター等、ITの更なる普及をどう上手に利用すれば、販売増になるか		
	〈4〉	現在の市場（営業地域）だけでなく、域外、海外などのエリア拡大をすれば、どういうチャンスができるか（販売面や調達面も含めて）		
	〈5〉	Webを活用して、通販、直販、顧客との直接のネットワークを構築すれば、更にどんなビジネスチャンスの拡大が可能か		
	〈6〉	顧客との共同開発、OEM（相手先ブランドによる製造）等、顧客との相互取組によるチャンスはどういうものが可能か		
	脅威（T）		組み合わせ番号（例〈②④〉-BF）	【差別化戦略】自社の強みを活かして、脅威をチャンスに変えるには何をどうすべきか。
	①	顧客（消費者）からの「サービス面」「スピード対応要求」の圧力やニーズはどういう点が自社の「脅威」となりうるか		
	②	技術革新による代替品や、低価格の輸入品等の供給による「脅威」は具体的にどういうものがあるか		
	③	自社の営業地域・マーケットの人口動態やライフスタイルの変化で「脅威」になるとしたらどういうことか		
	④	競合他社の動きで警戒すべき「脅威」になる動きは何か		
	⑤	外注先・仕入先の動向や要望で「脅威」になることは何か（値上げ、事業縮小縮小・廃業、サービス縮減、品質問題等）		
	⑥	直販、通販、ネット販売等の直接販売の動きでは、どういう「脅威」的な展開が今後具体的に業績にマイナス影響するか		

Chapter 8　SWOT 分析を活用した中期経営計画と独自戦略

会社名（　　　　　　　　　　　　　　　　　）

内部要因		弱み（W）
全般（技術スタッフ、技術面での	a	競合者と比較して、自社が明らかに負けている点（ヒト、モノ、カネ、技術、情報、効率、社内環境等）は何か
や体制、機能としての「強み」は	b	顧客ニーズに対応していない点は何か?その結果、どういう現象が起こっているか?
技術・販売面・性能機能面・体制 製品の価値転換の可能性は何か	c	顧客開拓、企画力での弱みは何か
約店や専売地域）としての「強み」	d	業績悪化要因につながっている弱みは何か
強い」のか	e	商品力、開発力、サービス力での弱みは何か
機能（IT、情報サービス、営業事	f	サービス力での弱みは何か

左記対策を実施した場合の概算数値（売上増減、利益改善、経費増減、件数増減、%増減等）	組み合わせ番号（例〈3〉- e/f）	【改善戦略】自社の弱みを克服して、事業機会やチャンスの波に乗るには何をどうすべきか	左記対策を実施した場合の概算数値（売上増減、利益改善、経費増減、件数増減、%増減等）
		●市場攻略のネックになっている「弱み」克服まで3年かける戦略や具体策 ●「弱み」克服のため、自社だけでムリなら、コラボや提携の戦略	

左記対策を実施した場合の概算数値（売上増減、利益改善、経費増減、件数増減、%増減等）	組み合わせ番号（例〈3⑥〉- CD）	【致命傷回避・撤退縮小戦略】自社の弱みが致命傷にならないようにするにはどうすべきか。またはこれ以上傷口を広げないために撤退縮小する対策は何か	左記対策を実施した場合の概算数値（売上増減、利益改善、経費増減、件数増減、%増減等）
●じり貧市場でも他社のシェアを奪い圧倒的No.1になる戦略 ●ライバルがお手上げになるまでの我慢戦略 ●「強み」があっても「撤退する」戦略		●リストラ型の戦略の意思決定 ●止める商品、止める顧客の具体化 ●事業仕分け、戦略の絞り込み	

※このシート（PDF）を入手することができます。詳細は「あとがき」をご覧ください。

139

さらに「クロス分析」として、それぞれの外部環境と内部要因を掛け合わせて、その企業固有の戦略を立案します。

● 「機会」×「強み」＝ 積極戦略
　今後の可能性・チャンスに自社の「強み」を活かした具体策

● 「脅威」×「弱み」＝ 致命傷回避・撤退縮小戦略
　今後の脅威やリスクがあるのに、自社の「弱み」が災いして、危険な状況になっている。それを打開するための具体策

● 「機会」×「弱み」＝ 改善戦略
　今後の可能性・チャンスがあるのに、弱みがネックになっているので、それを改善してチャンスをつかむ具体策

● 「脅威」×「強み」＝ 差別化戦略
　今後の脅威があり、他社も手を引く可能性があるので、自社の「強み」を活かして徹底した差別化やナンバーワン戦略をとる具体策

　すでにＳＷＯＴ分析を経験または学習したことのある人には、「脅威」×「弱み」＝「専守防衛または撤退」ではないのか、との疑問があると思います。

　私たちが提唱している「致命傷回避・撤退縮小戦略」も基本は同じ意味ですが、専守防衛や単に撤退という表現がしっくりこなかったので、独自に「致命傷回避・撤退縮小戦略」と表現するようにしました。

(2) SWOT 分析が有効な理由

　今、各方面から SWOT 分析を使った経営戦略づくりや、企業の中期ビジョンづくり、事業計画作成の案件が増えています。

- 一般の企業や団体のビジョンや経営戦略を決める手段として
- 金融機関が行う事業性評価の根拠づくりとして
- 経営改善計画書や事業再生計画書の戦略立案のツールとして

　このように、SWOT 分析が求められているのには、いくつか理由があるようです。

　第1に、SWOT 分析というツールが非常に簡便でわかりやすく、素人でも取り組みやすいことです。

　複雑な理論での経営戦略立案ツールやマーケティング戦略分析手法などはいろいろありますが、SWOT 分析はその中でも、理解しやすく、検討しやすいという親近感があるようです。

　第2に、バランスのよい検討方法だということです。

　SWOT 分析は外部環境の「機会」と「脅威」の分析と、内部要因である「強み」と「弱み」を具体的に整理し、それを掛け合わせることで独自戦略を編み出していきます。

　したがって、一般的な「マーケティング戦略のための分析手法」などの外部環境中心の分析に比べ、内部の能力や現状をみて「できること」と「できないこと」を同時に検討できるという点が秀逸なのです。

　第3に、SWOT 分析は専門家が「上から目線で指導する手法」ではないということです。

　一般的なマーケティング戦略ツールは、専門家（コンサルタントなど）が分析し、その提案を受ける形態が多いようです。しかし SWOT 分析は、当事者である経営者や後継者、幹部を中心に、自分たちの「肌感覚」で戦

略を立案します。

　コンサルタントやコーチを使う場合も、あくまでも「コーディネーター」程度です。自分たちで考え、意思決定した戦略だから、「納得度が高い」のも SWOT 分析を使うメリットだと言えます。

　第4に、「業界の常識論」や「一般的なあるべき論」「大手・競合企業の模倣戦略」に追従しない独自の戦略アイデアが出ることです。

　一般のマーケティング戦略手法だと、

- この業界は今後こうなる
- 今後消費者や顧客はこういう動きをする
- 社会や経済の変化から、こうなる
- 競合がこう増える　等々

　同じ業種ならば、ほとんど似たような結論になります。

　第5に SWOT 分析の「機会分析」と「強み分析」の掛け合わせから、独自戦略を導き出すということです。

　いろいろな「機会分析」の視点から、大きな市場ではなく、ニッチ（隙間）ニーズを見つけ出し、そこに「強み分析」によって、従来からある自社の使えそうな「強み」を整理して、それを掛け合わせます。

　すると、「論理的な根拠があり、荒唐無稽ではない地に足の着いた独自戦略」の立案につながっていきます。

　このように SWOT 分析は、既存マーケットから「ニッチ市場」「ニッチカテゴリー」を見出し、それに自社の「強み」を活かす戦略であることから、100 社 100 様の結果になります。いわゆる「オリジナル戦略」が出やすいのも、SWOT 分析の特長です。

　私たちはこれまで、この SWOT 分析を使った経営戦略や経営計画、中期経営計画を 200 以上の事業所でコンサルティングしてきた実績があります（おそらくこの実績は国内一だと自負しています）。

③ 独自の中期ビジョンが明確になれば後継者はやる気になる

(1) 中期ビジョンとはどんなもの？

　実際に中期ビジョンを立てるための SWOT 分析の使い方については後述しているので、それを参考にしていただきたいと思います。

　元来「中期ビジョン」とは、3〜5 年先の自社のあるべき姿を明確に文書化したものです。これは、理念や社是、経営基本方針とは異なり、具体的な戦略や企業体制がイメージできるものでなければなりません。

　中期ビジョンに不可欠な要素としては以下のものがあります。

- ●**ニッチ市場やニッチカテゴリー**……どういう市場・分野を強化するか、シェアを取るか、先鞭をつけるか
- ●**重点商品政策**……商品開発・開拓、商品の取捨選択、商品のブラッシュアップ、専門の社内体制
- ●**重点顧客政策**……顧客開発・開拓、顧客管理、既存客フォロー、専門の社内体制
- ●ビジョンを反映した「中期利益計画（損益計画）」
- ●ビジョンを実行するためのロードマップ（工程表）

　ビジョンが明確なら組織でのまとまり感もよく、全従業員のベクトルも合わせやすくなります。

　ここで大事なことは、「ビジョン」においては、「強化すべきこと」と「強化しないこと」をハッキリさせることです。だから、理念的な内容や総論

的な内容では「ビジョン」ではありません。

(2) 中期ビジョン（中期経営計画）に必要な着眼点

　中期ビジョン（中期経営計画）は、「変革していくことが前提の経営計画」です。

　現状の延長線上に3年後、5年後があると確信している企業なら、「理念」や「基本方針」だけでもかまいません。

　しかし、**不透明な未来に対して、「勝てる戦略」を明確にすることが中期ビジョンの目的**でもあります。

　そこで、概念的ですが、中期ビジョンに入れたい着眼点は、次の4つになります。

●**新たに始めること**

　新たな戦略、新たな商品、新たな顧客、新たな取り組みを始めて、3年後の礎にすることが何らかの形で入っていなければなりません。

●**減らす・止めること**

　選択と集中の結果、ニッチ市場やニッチカテゴリーに経営資源を重点的に配分するなら、「既存の効果のない取り組み、商品、顧客、市場」のどれかを撤退・縮小しなければなりません。ただし、これは内々に進めることが重要です。

●**変革・革新すること**

　今行っている戦略、商品、顧客、市場について、何をどう変えるか、姿形を変えるか、方法を変えるかの具体的な変革アクションが必要です。

●**集中して徹底すること**

　経営の重点課題にしぼって、集中的に行うことです。選択と集中の結果、「○○といえば御社だね」と言われるぐらい、特化することを意味します。

これら4つの着眼点が、中期ビジョンの方針や戦略に入っているかを確認します。

（3）中期ビジョン（中期経営計画）で USP をあぶり出す

❶ 企業の中期ビジョンは USP を決めること

USP は「ユニーク・セリング・プロポジション」の略です。一般的には「独自のウリ」と訳されます。

具体的に表現すれば、

「○○地域の、△△の分野で、□□で断トツの◇◇といえば、御社だね」と言われることです。

この「○○地域の、△△の分野で、□□で断トツの◇◇」の記号の部分が差別化になっており、業績にも寄与している「ニッチ市場やニッチカテゴリー」を指すわけです。

したがって、中期ビジョン作成時に、「この3か年で、当社は△△の分野で、□□の圧倒的な差別化・優位性を図る」と明確にしなければなりません。

この USP がない「中期ビジョン」は、おそらく現状の延長線上の対策ばかりになるでしょう。そして、景気や外部環境がよければ業績もよいし、逆なら悪い業績しか出せない、ということになります。

俗にいう「他力依存の経営」です。

しかし、それでは経営承継後に「勝ち残る戦略がある」とは言い難いでしょう。

❷ USP ＝積極戦略

USP を決める要素は、どういうものでしょうか。

USP は「ニッチ市場やニッチカテゴリー」にセグメントされた分野に自社の「強み」をぶつけて捻出します。したがって USP は、SWOT クロス分析の「積極戦略」と重なります。

「△△の分野で」においては、「ニッチ市場やニッチカテゴリー」を浮かび上がらせます。「□□で圧倒的な差別化・優位性」では、「強み」を出していきます。

そこで、再度どんな「強み」をピックアップするか、下記の表の各項目から課題を整理してみましょう。

	USP に使う「強み」の検討内容
1	わが社の商品が競合と比べて「ここだけがダントツに優れている」箇所は何か（ちょっとではなく、ダントツ）
2	わが社の商品は、どの分野のお客様のどんな困りごとに一番役立つか
3	競合他社より圧倒的に安いのか
4	競合他社より、圧倒的なクオリティ・付加価値で、ある分野の顧客には高くても買ってもらえるか
5	納期、サービス、メンテ、対応のスピードが「顧客が驚く速さ」か
6	競合他社がやっていないサービスで、評価の高いサービスをやっているか
7	地理的条件が圧倒的によいか
8	購入後の保証・サポート体制はどうか
9	顧客が競合他社よりも、当社におカネを払うわかりやすい理由は何か。一言でいえば、何がよいからなのか
10	顧客が口コミしたくなる話題、紹介したくなる理由は何か

後継者時代のニッチ市場はどこに隠れているか？
～ニッチを見出すヒント～

(1) ニッチ市場を見出す「機会」の 20 のヒント

「ニッチ市場」や「ニッチカテゴリー」と一口に言っても、何らかのヒントがなければ、アイデアや意見はそうそう出るものではありません。

従来の自社の市場や可能性、競合など外部要因の「機会分析」の時に、いろいろな角度や小さな可能性を拾い出しながら、自社の顧客や商品の課題、ニーズを見直すことです。

これから述べる「ニッチ市場のヒント 20」は、SWOT 分析の「機会分析」で「ニッチニーズ」や「ニッチ市場」「ニッチカテゴリー」を探し出すための虎の巻のようなもので、とても役に立ちます。

この 20 のヒントを見ればわかりますが、

- 現状の顧客や商品について、少しだけ角度を変えて検討してみる
- 現状の顧客や商品について、小さく小分けして検討してみる
- 現状の顧客や商品について、少し俯瞰して検討してみる

ということが大切で、今の顧客や商品を今までどおり、真正面から見て、「こういうものだ」と常識的に考えないことです。

	ニッチ市場検討のヒント	考え方
1	主力チャネルのビジネスベースに乗っていないが、自社保有の「技術」「ノウハウ」で角度を変えたら、その技術、ノウハウを求めるユーザー・業界はどこか	メインのビジネスの経営資源ではないが、攻め方次第では、新規開拓につながる技術やノウハウ
2	同業他社が手間やコスト面からやっていないことでも、自社でも「止めたいけど」実際に続けていること、または顧客評価が高いことは何か	その手間をとことん標準化し、それを差別化の武器として、横展開や新規開拓を図る
3	今の競合の激しい商流（顧客チャネル・ルート）を減らし、他の顧客ゾーンや新チャネルが望むビジネスモデルにした場合、増える可能性のある顧客チャネルは何か	問屋経由や代理店経由なら直販スタイルをとる。または消費者直結なら、問屋や代理店経由の商品を作り、量販を目指す
4	商品・サービスのスペックを絞り込み、「限定用途」「ニーズ特化」の商品を開発・販売すれば、増える可能性は何か	絞り込んだスペックで低価格高粗利の実現や、滅多に使われないが、これがないと困る商品を高価格にし、ネットを通じて全国販売する
5	この店しかない商品、この地域しかない商品にすることで、「わざわざ来たくなる商品」を作ろうとしたら、どんなものがあるか	限定のブランディングをすることで、「あそこしかない」を創出する
6	季節・期間で繁閑の差がある事業の場合、閑散期だけに絞ったビジネスモデル・提供商品ではどんなものが可能か	閑散期は、稼働率重視で低利益でもよいビジネスモデルにして、閑散期のコストを吸収する
7	商品・サービスの特性から流通チャネルのコラボで、自社にもよく提携先にもよい「win-winの関係」ができる業界はどこか	特定業界向けの提携企画書やPR文書、Webサイトを作り、業務提携をする。その場合、自社の顧客もオープンに活用できるメリットを相手方に提案すると話が早い

8	同業者や競合者の中で「このビジネス分野・商品を止めたい」と思っている可能性があるところに、共同開発、販売提携、場合によっては買収提案をするとすれば、どんな特性を持った同業者か	競合先も消耗戦に疲れ、止めたいビジネスがある。それを提携することで、相手も自社も win-win になる
9	超高価商品・超プレミアム商品・超限定商品を出すことで、どんな新たな顧客が開拓可能か	ちょっとくらいの差別化ではなく、とんでもない高価格商品とか、限定商品を Web で売ったり、話題性やニュース性を出すことで自社 PR につなげる
10	規格化や標準化でコスト削減を目指す競合者とは逆張りで、「完全個別ニーズ対応型」の面倒なことを打ち出し、かつ高利益率になるとしたら、どんな商品・サービスか	オーダーメイドなのに、大手の標準化商品と価格競争してはいけない。オーダーメイドのメリットを全面に出し、高価格では限定数量で販売する
11	競合者、同業者の苦手な部分・強みではない部分の業務や製造を請け負ったり、OEM（相手先ブランドでの製造）を受託して、競合者をライバルではなく、顧客としてできる戦略はないか	別会社やグループ会社で専門の受託サービスを立ち上げることで、新たなビジネスモデルができる ― 競合から連携へ ―
12	自社でコストパフォーマンスの高いビジネスプロセスを、その分野ではコストパフォーマンスが悪いと予想される競合者・同業者に提供できないか	どんな競合者・同業者も何でも自前で高いコストパフォーマンスがあるとは限らない。業務プロセスでライバルと手を握り、販売で競争するという戦略である
13	元々の商品サービスのスペックを大きく変えずに、「新たな用途開発」「新たな使い方」「新たな付加価値」が出る可能性があるとすれば、どう変えて、どんな新たな顧客開発が可能か	既存商品・サービススペックを違う角度から使えば、新たなニーズがとれる商品。結果的にもともと行っている業務なら低価格で新価値を提供できる

14	付加価値シリーズ・付加価値ブランドを開発し、高価格戦略をとるとしたら、どんな商材をどう売るべきか	値上げと思われない戦略は、別ブランド戦略である
15	Web、SNSを活用して、通販、直販、顧客との直接のネットワークを構築すれば、さらにどんなビジネスチャンスの拡大が可能か	「インターネットで売れない商品はない」といわれる中で、既存商品や新商品をWebで売るためには、どんな規格で、どんな手法で、どんなサイトで行えば可能か
16	ネーミング・パッケージ・容量・流通ルートなどを変えることで、新たな顧客の取り込みや既存客のアイテムにつながる可能性はないか	販売ターゲットを変えることで、既存商品の見た目、規格、流通ルートの変更はどんなことが可能か
17	既存商品の「周辺サービス」「周辺業務」「周辺商品」を受注しようとすれば、どういう商材が可能か	既存商品では競合との価格競争になるが、既存商品の周辺商品・サービスをパッケージ化し、同業者にも営業が可能ではないか
18	既存商品の「リペア・リサイクル・リフォーム（3R）による低価格の付加価値商品」を特定商材やサービスで実現することで、販売拡大が可能になるとすればどんなことか	財布の紐が固い時代、買い替え頻度が延びて、本商品を長持ちさせるというニーズに応えて、3Rを商品パッケージにするにはどんなことがあるか
19	既存客からさらにビジネスチャンスをつかむ、アフターサービスや顧客管理・メンテナンスは、具体的にどういう強化を図れば既存客売上増が見込めるか	どんな有料のアフターサービスなら顧客は納得するか、ライバルと差別化できるアフターサービスは何か、アフターサービスをブランド化するには何が必要か
20	自社の商品サービスの延長線上に、少子高齢化や人口減にともなう、新しい価値観や社会構造、経済構造から、増えるニーズはどんなものか	構造変化があれば、そこに新たなビジネスニーズが生まれる

5 自社の経営資源が 「強み」とわかればやる気になる

(1) パッと見てわかる「強み」は少ない

　一般の中小零細企業においては、大手や競合企業と比較して圧倒的に優位な「強み」はなかなかないものです。

　一般的には、「強み」は現在の経営資源から見つけます。

　経営資源は以下のものです。

- ● ヒト……………人材の質と量
- ● モノ……………設備、商品力、動産
- ● カネ……………資金、信用力
- ● カンリ…………管理ノウハウ、ＩＴシステム、セキュリティ等
- ● ギジュツ………生産ノウハウ、知識、ソフト力
- ● ジョウホウ……Web、ＩＴ、先端情報
- ● コキャク………顧客基盤、具体的なリスト等
- ● ブランド………認知度、信頼性

　これらのどれをとっても、どこかに優位性がないと、「自社には『強み』といえるものがないからダメだ」と思いがちです。

　しかし、そのように「強み」を大きく捉えないことです。

(2) ニッチ市場に使える「強み」こそ本当の「強み」

「強み」はパッと見てわかるものではありません。

大事なことは、「ニッチ市場」「ニッチカテゴリー」に適合する「強み」かどうかです。

業界としては、不利な条件や「強み」がなく、「弱み」ばかりが目立つ企業でも、ある特定の「ニッチ市場」「ニッチカテゴリー」では、使える強みや経営資源があるかもしれません。

全体的には弱くても、

- ●ある部分だけ
- ●ある顧客だけ
- ●あるニーズだけ
- ●ある地域だけ
- ●あるテーマだけ

に強みを発揮できる「経営資源」こそ、「強み」と言えるのです。

「ニッチ市場」や「ニッチカテゴリー」に使える「強み」は、結構小さなことの場合も多いものです。

(3) 不良資産と思っていたものが経営資源に変わる
〜強みを引き出す 30 のヒント〜

これまで「自社の弱み」「自社の不良資産」「自社のネック」だと思っていたことが、じつは「勝負できる武器に変わる」瞬間があります。

それは、「狙うターゲットを変えた時」です。

今までのように、

- ●何でも売る
- ●売れるものは売る
- ●値下げに対応してでも売る

Chapter 8 SWOT 分析を活用した中期経営計画と独自戦略

- 売るために人を採用してでも売る
- 利益がなくても我慢して売る
- 潰れるより売上があるほうがまし

というように、なりふりかまわず「売ってきた」企業は、「一般的な経営資源」の不足に悩んでいるものです。

「もっと〇〇があれば売れるのに……」

「もし、◇◇でなかったら売れるのに……」

いわゆる「タラレバ」というものです。

しかし、ターゲットを「ニッチ市場」や「ニッチカテゴリー」に変えると、まだまだ「使えそうな経営資源」が見つかることが多々あります。「まだまだ自社には使える経営資源」「強みになる経営資源」があるとわかれば、後継者もやる気になるというものです。

「強み」とは、どんな物理的なものをいうのでしょうか？

別表に「強み」のヒントを 30 項目挙げました。

「強み」を引き出す 30 のヒントと解説

	強みのヒント	こんな点が「強み」になる
1	「強み」につながるこだわり	その「こだわり」が評価されて差別化になっており、収益に直結していること（収益に貢献しないこだわりは一人よがり）
2	「強み」につながるアフターサービス体制	リピートを決めるアフターサービスがブランド化され、アフターで紹介が来るくらいなら大きな強み
3	「強み」につながる熟練度・専門知識力	ベテランが持っている技能知識が、他社と比較してわかりやすい PR 力がある（わかりにくいのは強みになりにくい）
4	「強み」につながる設備力（顧客要望や収益を生むかどうか、生産設備、車両、建屋など）	今持っている有形資産が顧客（今の顧客以外も含む）の買う理由になれば強みである
5	「強み」につながる価格圧力への対応力（商品別のコスト対応力）	特定商品なら価格適応力があれば、それを武器に顧客開拓もできる
6	「強み」につながる迅速な体制・クイックレスポンス	ホームページやパンフに掲載できる「〇時間以内対応」など顧客に約束ができれば強み
7	「強み」につながる短納期対応力	短納期はかなりの強みである。または小口対応、別注品の短納期も勝負ができる
8	「強み」につながる物流体制・物流機能	物流体制の優劣は大きな差別化要素である。業者活用と自社便、物流センターの有無など
9	「強み」につながる意思決定のスピード・現場権限保持	権限が本社集中だとスピード感がない。現場担当者に権限が大きいと同業者より有利
10	「強み」につながる垂直の一貫体制	自社内または自社グループで企画、設計、製造、物流、販売まで行い、ワンストップでスピーディなら強み

	強みのヒント	こんな点が「強み」になる
11	「強み」につながる水平展開	商品機能や技術が横展開可能かどうか、また他企業とネットワークを組んでアウトソーシングすることで具体的な強みがあるかどうか
12	「強み」につながる新商品の情報、開発機能	新商品の開発につながる情報収集手段、開発能力、開発期間などがライバルより優位性があるかどうか
13	「強み」につながる商品バリエーション・品揃え	商品の品揃えは顧客からはメリットだが、販売先が少ないと在庫負担になるのは弱みになる
14	「強み」につながる差別化技術・差別化ノウハウ	ある特定分野の技術、ノウハウで差別化できていること。その差別化は顧客が喜ぶこと
15	「強み」につながる顧客との関係の深さ・マーケティング力	マーケティングで他社より優位な点。最近ではWebマーケティングもリアルと同じくらい重要
16	「強み」につながる顧客が面倒なことへの対応、顧客の要望の具現化	顧客が喜んでも費用を払わない、自社だけがきつい思いをするだけなら、強みにはならない
17	「強み」につながる知的財産	知的コンテンツ、特許、商標登録、ロイヤルティ収入等
18	「強み」につながる地理的優位性	立地場所はいろいろな商売をするうえで重要。その地理的条件がどう魅力的かよく考える
19	「強み」につながる思い切った投資ができる資金力	資金力は設備投資、人材採用等コストがかかる。こうしたことに対応できるのはかなり大きな強み
20	「強み」につながるブレーン、ネットワークの充実	どんな人を知っているか、どんな企業が支援してくれるか

	強みのヒント	こんな点が「強み」になる
21	「強み」につながる社内の技術的優位性	技術面で顧客開拓に直結できる優位性
22	「強み」につながるソフト力（ソリューション提案）の優位性	本商品の取引だけでなくソフトサービス面で強みは何か。そのソフトがハッキリと差別化されれば強みとなる
23	「強み」につながる取扱商品の販売権、独占権	その取扱商材が権利で守られているなら、その商品が強い間は強みになる
24	「強み」につながる顧客が喜ぶIT環境	受発注や在庫管理のIT活用で、リアルタイムに顧客に対応可能なら強みといえる。それが差別化の条件の場合
30	「強み」につながるIT、Web、SNS等が活用できる体制	ITを使って顧客との情報共有が迅速化して、それが開拓したい企業の取引条件なら強み
26	「強み」につながる組織の多様性・多能性（フレキシブルに事業転換ができる組織）	専門的固定的な組織が顧客ニーズに応えられない場合、多能工が多いとかフレキシブルな組織は強み
27	「強み」につながる法規制・規制緩和などの行政面の保護、関係性	法律改正や行政からの方針、規制が自社をガードし、それが有利な取引条件になっているなら強み
28	「強み」につながる顧客層・市場エリア	具体的な顧客カテゴリーや市場がどこか、どんな特性の顧客に強いのか
29	「強み」につながるサービス	自社が行っているいろいろなサービスで顧客が評価していること
30	その他「強み」につながるもの	

Chapter 8　SWOT 分析を活用した中期経営計画と独自戦略

⑥ 「弱み」と「脅威」を掛ければ、先代ができなかったリストラ策も覚悟できる

(1) 先代が事業撤退縮小・リストラを決断できない理由

その地域で長年経営してきた現社長や先代社長が、思い切ったリストラを決断できない理由があります。

瀬戸際での切羽詰まった状態なら、なりふりかまわず「規模縮小」「事業撤退」「リストラ」の判断をするでしょうが、まだそこまでではないと思っている経営者は、とにかく遅疑逡巡するケースが多いのです。

実際に、どのような理由から「厳しい決断ができない」のでしょうか。12 の理由に集約してみました。

> ①歴史的に長期間やっている場合、自分の代で縮小撤退するのは恥
> ②地域や業界の噂や評判、世間体への執着
> ③これまで投資してきたことが水泡に帰すことへの未練
> ④「これから回収できるのでは…」という淡い期待
> ⑤リストラを回避したい思い
> ⑥社長以外意思決定できないのに、役員会で決めようとする責任回避
> ⑦一気に売上ダウンすることへの影響（資金繰り悪化、返済困難）
> ⑧経営者の一からの出直しに対する覚悟不足
> ⑨リストラによる従業員の動揺、組織の混乱
> ⑩一部の顧客からの「もっとがんばれ」という保証なき期待
> ⑪一族の反抗
> ⑫リストラ後の成長戦略、利益確保戦略が不明

これらの理由は、後継者の時代になっても同じような思いが残りますが、最も大きな課題は、⑫の「リストラ後の成長戦略が不明」だからではないでしょうか。

厳しい決断の後に可能性のある未来があるなら、決断はできます。しかし、「今が厳しいからリストラをするが、その後もより厳しい」なら、誰だって遅疑逡巡します。

（2）後継者が行う事業撤退縮小、リストラはその後の理論的な裏づけが必要

後継者が事業撤退縮小等のリストラをするには、その後の青写真が必要です。

実際に、経営改善計画や再生計画書を作成する時、ここが一番の課題になります。

当面のコスト削減や事業撤退縮小は計画できるし、何とか実行もできるでしょう。しかし、仮に金融機関から、返済猶予のお墨付きをもらっても、債務がカットされたわけではありません。ただ支払いを猶予されただけです。だから、猶予期間に「返済原資確保のための収益戦略」を決めて実行しなければなりません。

その裏付けこそ、「収益につながる『ニッチ市場やニッチカテゴリー』と自社の『強み』を掛け合わせた戦略」なのです。

後継者にしても、リストラ後の収益戦略にある程度目星がつけば、思い切って決断もできるし、その後のビジョンも描けます。

SWOT分析で中期ビジョン (中期戦略)を構築

　中期ビジョンを構築するためには、SWOTクロス分析という戦略立案ツールを使って、「方針や戦略」を検討して文書化します。ビジョンの解説をしっかり書いてもよいし、体系図にしてわかりやすく１枚の用紙にまとめてもかまいません。

　大事なのは、中期ビジョンが組織的に納得のいくカタチで、後継者や経営陣、幹部、社員のベクトルが合うようなものにするということです。

　中期ビジョンには下記の５つの構成要素が必要です。

- USP＝「○○分野の◇◇で圧倒的なナンバーワン」を明確にする（具体的な固有名詞にする）
- 新商品開発・開拓、既存商品の強化方針と戦略
- 新規開拓、新チャネル・エリア開拓、既存顧客強化の方針と戦略
- コスト改革（原価・固定費他）、品質向上の方針と戦略
- 組織改革、企業体制、その他の方針と戦略

(1) USP＝「○○分野の◇◇で圧倒的なナンバーワン」を明確にする

　USPを明確にした後（必ず固有名詞にして表現する）、これを文書にしておきます。同時に、なぜこのUSPなのか、理屈が通る解説は必要でしょう。これは中期ビジョンのヘッドラインになる表現です。わかりやすくシンプルな文言で書きます。

（2）新商品開発・開拓、既存商品の強化方針と戦略

当然、既存商品の延長線上では未来は描けません。

- USP につながる新商品の開発、開拓、取扱
- 「ニッチ市場・ニッチカテゴリー」にふさわしい新商品
- 既存商品の改良、再強化策

等の「ニッチ市場」や「ニッチカテゴリー」で、自社の強みが発揮できる「新商品」「商品の改良」または導入などがここに記載されます。

（3）新規開拓、新チャネル・エリア開拓、既存顧客強化の方針と戦略

「ニッチ市場」や「ニッチカテゴリー」の顧客や地域、または新販路など具体的なターゲットがここに記載されます。

既存顧客のみの延長線上にビジョンはありえないので、

- 市場の変化、購買手段の変化にともなう新たな販売・取引チャネル
- USP が活かせる販売チャネルや顧客層
- ニッチ市場のターゲット顧客の設定
- 既存顧客の育成、シェアアップ対策
- 地域戦略、取引ネットワークの拡大と集約
- Web サイト、ネット関連の顧客開拓

等の中身が具体的に書かれていなくてはなりません。

(4) コスト改革（原価・固定費他）、品質向上の方針と戦略

コスト戦略は今後の商品戦略、顧客戦略から考えます。

「ニッチ市場」や「ニッチカテゴリー」のUSPを優先し、それ以外の「非優位性戦略」を減らす、撤退するという大きいコストから戦略を議論します。小さなコスト削減議論は後回しです。

製造や加工の業務がある企業では、内製化とアウトソーシングの比率見直しも入ります。

狙うターゲットによって材料費、外注費、労務費の構成比は変えるべきだし、何がコアで、何が非コアかによっても違ってきます。

また、仕入先と仕入商品の改革もUSPに合わせて議論します。今後のUSPを考えて、仕入先は妥当か、仕入額を下げたい場合の自社のリスクと負担はどうか、などを検討します。

販売費及び一般管理費では、金額の大きい管理可能経費（自社の努力で管理が可能な経費）を検証します。しかし、USPや今後の戦略に必要な広告経費や投資の経費は必須経費になるので、ここでは混同しないようにします。

USPや今後の戦略に必要な品質見直し（認証取得含む）、サポート体制などの強化策も書きます。

(5) 組織改革、企業体制、その他の方針と戦略

後継者が経営を始めると、「中小企業なのに間違ったことを高い優先順位にする」ケースを見ることがあります。それは、大企業や中堅企業がよくやるような、「組織改革を先にやること」です。

後継者がまずやるべきは、USPにつながる戦略立案です。「組織体制の変更」はその後です。しかし、USPが決まっているなら、中期ビジョンでは以下のような内容が記載されます。

- 組織体制（採用、部門統廃合、退職者対策、外注化⇔内製化等）の変更
- ガバナンス（企業統治）の新たな取組（株主対策、金融機関対策）
- 組織機能の見直し（顧客に近い組織、既存客を大事にする組織）
- 人事制度の見直し（人事評価制度、賃金制度、雇用制度改革等）
- ITの見直し（今後のIT環境全般、Web、SNS戦略、顧客管理システム、受発注システム、PR戦略等）

(6) 中期ビジョン（中期戦略）の見直し

３年もすれば経営環境も変化しているし、自社の経営資源も変わっているかもしれません。

私たちがコンサルティングしているクライアントでは、３年に１回「中期ビジョンの見直し」をします。

その時も、すべてのクライアントではありませんがSWOT分析を行い、改めて「外部環境分析と内部要因分析を実施し、前回SWOT分析での各戦略がこれからの３年間も妥当かどうか」のレビューをします。

(7) 中期ビジョン（中期戦略）の書き方

SWOTクロス分析から中期計画の骨子や経営戦略が整理されたら、それを特定のフォームに記入します。

次の図は、SWOT分析から戦略の整理状況がわかる「中期戦略体系図」です。「中期ビジョン（中期戦略）の構成要素」がすべて入ったものです。

この中から経営承継10か年カレンダーに「事業領域・経営戦略」を記入していきます。

SWOT クロス分析後の「中期戦略体系図」

短期 or 中期	優先 No.	クロス分析の戦略と具体策
「積極戦略」「致命傷回避・撤退縮小戦略」この1年間で着手し推進する	1	
	2	SWOT クロス分析の ● 「積極戦略」 ● 「致命傷回避・撤退縮小戦略」 の中から、早急に行動する項目を優先度の高い事項から箇条書きで記載
	3	
	4	
	5	
3か年で結果を出すための各種戦略・戦術	1	
	2	SWOT クロス分析の ● 「積極戦略」 ● 「致命傷回避・撤退縮小戦略」 ● 「改善戦略」 ● 「差別化戦略」 から、3か年計画で結果を出す項目を記載
	3	
	4	
	5	

短期実行対策及び3か年中期方針及び実施戦略 (1〜3か年で構築する「商材」「顧客」「コスト」「組織改革」)			
商品強化の方針と戦略 新商品開発・開拓・既存	1	• USPにつながる新商品の開発・開拓・取扱 •「ニッチ市場・ニッチカテゴリー」にふさわしい新商品 • 既存商品の改良・再強化策	
	2		
	3		
化の方針と戦略 エリア開拓、新チャネル・ 新規開拓、既存顧客強	1	• 市場の変化、購買手段の変化にともなう新たな販売・取引チャネル • USPが活かせる販売チャネルや顧客層開拓 • ニッチ市場のターゲット顧客 • 既存客の育成、シェアアップ対策 • 地域戦略、取引ネットワークの拡大と集約 • Web・ネット関連の顧客開拓	
	2		
	3		
品質向上の方針戦略 (原価・固定費他)、 コスト改革	1	• USPに連動しない大きなコストダウン戦略 • USPに直結した販促や他の投資 • USPに直結した品質体制の見直し等	
	2		
方針と戦略 体制、その他の 組織改革、企業	1	• 組織体制(採用、部門統廃合、廃止、退職者対策、外注化⇔内製化等)の変更 • ガバナンス(企業統治)の新たな取り組み(株主対策、金融機関対策) • 組織機能の見直し(顧客に近い組織、既存客を大事にする組織) • 人事制度の見直し(人事評価制度、賃金制度、雇用制度改革等)	
	2		

Chapter 8 SWOT分析を活用した中期経営計画と独自戦略

会社名（　　　　　　　　　　）

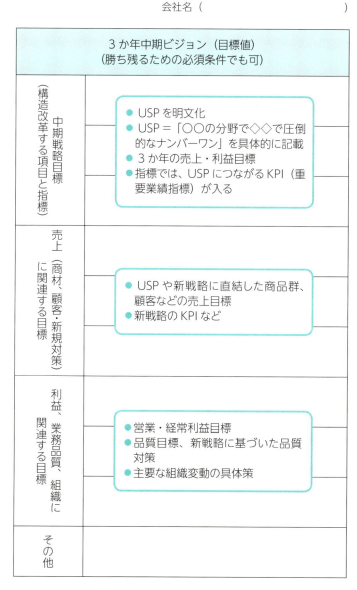

	3か年中期ビジョン（目標値） （勝ち残るための必須条件でも可）
中期戦略目標 （構造改革する項目と指標）	● USPを明文化 ● USP＝「〇〇の分野で◇◇で圧倒的なナンバーワン」を具体的に記載 ● 3か年の売上・利益目標 ● 指標では、USPにつながるKPI（重要業績指標）が入る
売上（商材、顧客・新規対策）に関連する目標	● USPや新戦略に直結した商品群、顧客などの売上目標 ● 新戦略のKPIなど
利益、業務品質、組織に関連する目標	● 営業・経常利益目標 ● 品質目標、新戦略に基づいた品質対策 ● 主要な組織変動の具体策
その他	

(8) 中期経営計画の書き方

　前項のＳＷＯＴクロス分析によって整理された「中期戦略体系図」から、「中期ビジョン」→「中期経営計画」として整理します。

　「中期ビジョン」はわかりやすく「開発・開拓」と「構造」の２つに整理します。

　「開発」とは、積極戦略や改善戦略で抽出された開発・開拓すべき新た重点戦略や既存の強化戦略を記載します。中期で進める「商品開発・新商品導入などの商品戦略」や「顧客開拓やエリア開拓、既存顧客ファン化を含む顧客戦略」がコンセプトとして一言でわかる表現にします。

　「構造」とは、積極戦略や致命傷回避・撤退縮小戦略、改善戦略を実現するためのコスト構造や社内組織体制に係る構造改革を表現します。

　「開発」と「構造」の下には以下の事項を記入します。

- 年度ごと、部門ごとの売上計画
- 粗利益・粗利益率予定
- 経常利益予定
- 人員数（非正規と正規を分ける場合もある）
- 重要業績指標（KPI）の基準や目標
- その他、自社の経営に大きく影響する基準指標の目標（例：新規商品比率、海外仕入率等）
- 市場マーケットの動き・予測（自社に関係する競合環境、景気先行き、盛衰の分野等）
- ポジショニングまたはシェア（業界、地域での位置づけ、強みの出し方、商材別シェア等）
- 商品戦略（伸ばす商材、減らす商材、新たな商材、マーケティング展開）
- 顧客戦略（重点顧客開拓、顧客管理、CS、囲い込み、新チャネル、

異業種提携、出店）

- 組織体制（非正社員比率、後継者、分社独立採算、シルバー雇用、海外人材、グループ体制、新組織等）
- 設備・投資戦略（新規出店、機械投資、ノウハウ投資、不動産購入、開発投資等）
- 部門戦略（営業部、管理、生産、店舗等の個別方針等）

　この中期経営計画は、先述の「経営承継 10 か年カレンダー」の経営方針や事業ドメイン、経営戦略に反映されます。この分野の緻密な検討なくして、「経営承継 10 か年カレンダー」は成り立たないと言えます。

　なお、経営承継に際して、承継後の経営戦略を SWOT 分析を活用して策定する方法を具体的に解説した『経営承継を成功させる実践 SWOT 分析』（マネジメント社）も参考にしてください。

3か年中期経営計画　2018～2020年

積極戦略や改善戦略で生まれた開発・開拓などの新た重点戦略や既存の強化戦略の記載。中期コンセプトがわかる表現。

商材の構成比はそのまま戦略の表れとなる。

労働分配率目標は、人件費戦略が見える。

その他、自社の経営に大きく影響する基準指標の目標を出す（例 新規商品比率、海外仕入率等）。

これも「機会分析」「脅威分析」からピックアップ。

積極戦略、致命傷回避撤退縮小戦略、改善戦略で挙がった戦略を実行するために、社内体制、人員、組織戦略をここに記載。

各「積極戦略、致命傷回避・撤退縮小戦略、改善戦略」で挙がった戦略で、各部門の戦略が入ったものは、ここに記載。

中期ビジョン【開発】	付加価値の高いA商品の全国展開、全国販売組織の構	
中期ビジョン【構造】	今後の若手不足を補う「高齢者雇用」「パート・女性の積極化	

	2018年	
総売上	780,000	
本社材販部（1部）	500,000	64%
本社非材販（2部）	150,000	19%
本社メンテ（3部）	30,000	4%
東京材販（1部）	80,000	10%
その他	20,000	3%
粗利益	140,000	
粗利益率　%	17.9%	
経常利益	14,000	
経常利益率　%	1.8%	
従業員数	40	
労働分配率　%	57%	
原材料比率　%	31%	
○○率　%		

市場の動き・予測（自社に関係する競合環境、景気先行き、盛衰の分野等）	一般材販の原料コストアップは当面続く。高止まりを減収の予想	
	当面、同業者も耐え忍ぶ展開で、弱小またはキャッシ	
ポジショニングまたはシェア（業界、地域での位置づけ、強みの出し方、商材別シェア等）	材販業界では弱小の位置づけ。しかしメンテ部門は他	
	東京部門の商社売上はいったん落ちるもまだ伸びる可	
商品戦略（伸ばす商材、減らす商材、新たな商材、マーケティング展開等）	A商品と付帯トータルサービスは、収益面も東京強化	
	A商品と付帯トータルサービスを実現するエンジニア	
顧客戦略（顧客開拓、CS、囲い込み、新チャネル、異業種提携、出店、等）	○○県、○○府の代理店システムの挑戦と型決め	
組織体制（非正社員比率、後継者、分社独立採算、シルバー雇用、海外人材、グループ体制、新組織等）	エンジニアリングセールスの採用と現場要員を顧客担	
	メンテナンス事業部の新規採用と○○専務の専任化	
	高齢者、女性のスキルアップ教育ツールの開発	
設備・投資戦略（出店、機械投資、ノウハウ投資等）	派遣社員の多用	
	代理店システムの確立の外部協力	
部門戦略（営業部、管理、生産、店舗等の個別方針を記す）	営業1部	A商品と付帯サービスのパッケージ化と指定代理店向けテスト販売
	営業2部	当面、営業人員をかけずに、通販、直販で維持を狙う
	メンテ部	メンテ要員の採用強化（工学部系の積極採用、アルバイトからの登用）
	設計	新設計システム導入
	生産管理	

築とメンテナンス事業の強化で収益安定化

積極活用」のノウハウの確立と水平分業、垂直統合の同業者提携、外注先提携、販売先提携を

2019年		2020年	
759,000		792,000	
480,000	63%	450,000	57%
145,000	19%	130,000	16%
38,000	5%	120,000	15%
78,000	10%	90,000	11%
18,000	2%	20,000	3%
119,000		116,000	
15.7%		14.6%	
0		20,000	
0.0%		2.5%	
37		35	
56%		45%	
32%		37%	

覚悟の事業展開をする。円高による輸入コストダウンを相殺するコスト上昇。2019年は大幅

ュフローの悪い同業は淘汰される	ここで生き残れば、需要増の可能性
社より一日の長があるのでメンテ分野を拡大強化することで新規囲い込みをする	
能性大。分社政策で仕入先の多様化と東日本の新規開拓を強化	

の切り札としても有効。今後大いに成長可能な商材	
リングセールスの拡大が不可欠であり、その要員採用及び育成が急務	
全国販売代理店の稼動（最低でも中核都市に1代理店）	
Ｃランク顧客絞込みによる売上減	

当に移す	専任採用を図る
メンテ事業部の独立採算と分社化検討	
現場社員の補充として高齢者、パート女性の採用と教育	
収益をみて工場の省力化投資	
外注先のM＆A検討	ファブレス工場の一部実現

Ａ商品と付帯サービスのパッケージ化と全国代理店向け公開販売。東京含めた1部売上の30％を目指す。	
(Web通販の充実と販促経費の拡大)	非材販部門は他社へのM&Aでグループ化・分社化
1部と連動して、EA（エンジニアリングアドバイザー）を全国6ブロックで配置開始	
新設計システムによる現場出図のレベルアップ	

積極戦略や致命傷回避・撤退縮小戦略、改善戦略を実現するための社内組織体制を中期のコンセプトで表現。

その他、大事にしたいKPI（重要業績指標）の目標を設定。

SWOT分析の「機会」と「脅威」の各分析からピックアップ。

積極戦略から生まれた「商品戦略」「顧客戦略」をここに記載。

積極戦略、致命傷回避・撤退縮小戦略、改善戦略で挙がった戦略を実行するための設備投資や廃棄、売却、ソフト投資、開発投資などがここに挙がる。

※このシート（PDF）を入手することができます。詳細は「あとがき」をご覧ください。

コンサルティングの勘所 **8**

長期経営顧問企業でコンサルタントがやってきたこと**❷**

　「超・長期経営顧問企業でコンサルタントがやってきたこと」の２回目です。

　③ 親子仲裁をしてきた
　④ 時折、幹部勉強会を実施
　⑤ 飲みに行く回数は１年に２回程度

　この３つについて、それぞれ考察してみましょう。

③親子仲裁をしてきた

　長年の顧問企業には、経営承継期間がからんできます。直接の親子であるがゆえに感情的な反発が生まれ、意思疎通がうまくいかないこともしばしばあります。

　事が経営課題だけに単なる親子喧嘩では済まされないので、何らかの仲裁や橋渡しが必要になります。その任を担うのは、本来なら相続や経営承継の支援をする税理士や会計事務所のはずです。ただ、彼らは一般的に財務面での意見は言えても、経営戦略面ではなかなか入り込めていないので、「総論」「一般論」の対応になっています。

　しかし、コンサルタントは経営戦略やさまざまな経営課題の解決支援が専門なので、そういう面での仲裁や橋渡しをコンサルタントが担うことが多いのです。

　現経営者の意見、次期経営者（後継者）の意見をバランスよく聞き、「どちらの意見が今の会社や法人にとってベターか」で判断します。

　現実的には、現経営者と後継者の意見が分かれた場合、現経営者の意見が的外れでない限り尊重することが多いのですが、時には、現経営者に対して、後継者の意見を採用するように促すこともあります。

　親子仲裁が可能なのは、現経営者からも後継者からも信頼されることが必須条件となります。

④時折、幹部勉強会を実施

　普通の経営顧問は、経営者とばかりに時間をとります。しかし、時には幹部勉強会などで講義をして、幹部に対しての影響力を持ったほうが、事がうまく運びます。だから、私は顧問先で、年に数回は訪問時に幹部勉強会をします。または別途の研修提案で行うこともあります。

　そうして、経営者の意向ばかりではなく、幹部の意向も吸収する機会がないと冷静さや現場とのズレが生じるので、定期的にそういう場を持つことです。

⑤飲みに行く回数は年に2回程度

　じつは、これがけっこう大事なことではないかと思います。簡単に言うと、経営者と飲みに行く回数が少ないということです。忘年会＋1回ぐらいです。食事や飲む機会が多くなると、だんだんお互い緊張感のない関係になっていくし、コンサルタントと経営者との適切な距離感が保てなくなるからです。

　私は「経営者の軍師」という位置づけです。軍師がお酒を飲み過ぎて、酔いつぶれたり、飲み屋の女性にちょっかいを出したりするのは、普通の取引関係ではありません。

　また、多くの場合、経営者が食事代を持つことが多いので、だったらなおさらでしょう。私は長期顧問のクライアントとは、そんな感じで付き合っています。

Chapter 9

後継者に残したい「経営者の価値観・経営判断基準」

社長の経験、経営の判断基準は普遍

(1) 経営理念だけでは、価値観の承継は難しい

　私（嶋田）は、ある経営者に「経営承継をするにあたって、何が一番難しいか」と聞きました。その経営者は「やはり、価値観と判断基準の継承ですね」と断言しました。

　後継者には、後継者自身の性格、環境、経験から生まれた考え方や生き方があります。それは尊重したいところですが、経営は個人の考えや主義、趣向で行うものではありません。何を大事にするかによって「目指す経営のカタチ」は変わってきます。

　現経営者はこれまでいろいろな経験をしています。

- 人の助けを得ながら、努力が報われ、未来が拓けた「登り坂」の経験
- いくら努力をしても、何をやってもうまくいかない、未来が見えなかった「下り坂」の経験
- 想像していなかった緊急事態、難題が降りかかった「まさか」の経験

という「3つの坂」を経験しています。

　同時に、経験によって培われた教訓や勘所を持っています。後継者にもこの教訓（人生訓や経営訓）や決断に際しての勘所を伝えたいわけです。

　多くの企業は「経営理念」を掲げています。しかし、その経営理念だけで「現経営者の価値観」を説明するのはあまりに概念的で、後継者にしてみれば、「で…何をどう判断基準にすればいいのか」わからないでしょう。

現経営者にしても、「自分の経験や価値観をどう後継者へ伝えるべきか」難しいと感じているようです。

そこで、私たちが複数の中小企業の「経営承継コンサルティング」で実施してきたのが、「経営判断基準づくり」です。

経営理念から行動規範までは、多くの企業でもカタチになっています。それをさらに踏み込んで、経営判断のさまざまな場面で何を大事にするかという、経営者としての「虎の巻」を作ります。

(2) 経営判断基準とは、経営者の過去の体験に裏打ちされた 実践訓

「経営判断基準」とは、現経営者が過去の自分の経営判断を振り返って、

- あの時、何が原因で失敗したのか
- あの件は、なぜうまくいったのか
- あの成功の直接の要因は外部要因だったが、その時の思考や行動はどうだったか

少なからず、多くの経営者が「失敗には失敗の反省」「成功には成功の要因」を記憶しているはずです。その考え方の基準こそが経営判断基準です。

住友グループには「住友の事業精神」という、住友家初代の住友政友（1585 - 1652）が商売上の心得を簡潔に説いた「文殊院旨意書」というものがあります。

この旨意書の中に「我浮利を追わず」という言葉があります。その意味は、「価値創造をともなわない目先の利益に惑わされてはならない。自ら知恵を絞り、汗を流して、取引先や市場に価値を提供し、それに見合った対価を正々堂々と頂く事業を行うべし」ということです。（住友商事ホームペー

ジより）

　私の好きな言葉なので、ある企業にもこの言葉を進言し、行動規範に入れてもらったことがあります。

　その企業には、銀行から持ち込まれた不動産投資の話がありました。内部資金での購入ならまだしも、銀行借入による投資です（銀行案件だから当然ですが）。その場所には将来大型のショッピングモールができる予定で、地価が上昇し資産効果があるという触れ込みです。財務的には余裕がない状況でしたが、目先の利益に貢献することを期待している役員の一部は乗り気でした。

　しかし、不動産投資にはリスクも付きもので、今はよくても将来もいいとは限りません。また、「こんなうまい話に乗らないなんて、どうかしている」と批判されるかもしれません。しかし、では10年後もそれが正解だとは誰も保証できません。

　最終判断は経営者が行うことになるのですが、そこで、この企業の「行動規範」にある言葉「我浮利を追わず」から、

　「この不動産投資は浮利を追っているのではないか？」

　「経営理念、行動規範に反して行うことは正しいことなのか？」

　という問題意識を持ったのです。

　役員は意見を言いますが、最終責任をとるわけではありません。経営者は悩みましたが、最終的には「行動規範に従う。儲けそこないのバカ経営者と言われようが、それ以上に大事なことは会社経営を一か八かでやることではなく、長く続けることだ。本業に関係ない不動産投資は、目先の利益があるかも知れないが、わが社の価値観ではない」

　と結論づけました。

　銀行からはその後も相当な売り込みがありましたが、この件は断り続けました。

　その後、その土地はある事業者が購入したそうです。ただ、当初予定されていたように再開発はされず、大型のショッピングモールも現在に至るもできていないようです。現時点ではそれが吉と出るか凶と出るかはまだ

わかりませんが。

　この案件が示すように、経営理念・行動規範は経営者の大きな判断基準になりうるのです。それをもっと詳細な「経営場面別の判断基準」を作るのが「経営判断基準づくり」です。

(3) 後継者の暴走防止、立ち止まって考える機会の提供

　過去の経営の経緯、「登り坂」「下り坂」「まさか」を知らず、判断基準を持たない後継者は、時に暴走してしまうことがあります。

　経営者になった後、周囲の諫言を聞かず、「思い込み」「唯我独尊」で突っ走る後継者はおそろしいものです。また、「成り行き」「行き当たりばったり」で経営判断する後継者も危ういものです。

　そこで、現経営者の「実践経験に裏打ちされた判断基準」を、後継者の価値観を考慮して、共同作業で作成することをおすすめします。

　後継者も現経営者の判断基準を知り、その理由を理解することで、「疑似的な経営の学習」ができます。

　この経験は、後継者が経営者になって、さまざまな経営判断の場面で、

- この件は、この行動規範・経営判断基準に則っているのか
- この経営判断基準に沿うと、役員はどんな意見を言うだろうか
- 会長（前社長）だったら、この判断基準から、今回の件はどう思うだろうか

と、いったん立ち止まって考える機会を与えます。

　じつは、後継者教育で一番大事なことは、この「経営判断基準づくりを一緒に行うこと」ではないかと、私は常々思っています。

　経営理念、行動規範は精神論であり、概念論です。それだけの言葉ですべての判断ができるわけではありません。それを補足するのは、実践的な「経営判断基準」なのです。

（4）社長の経営判断・決断基準 21 のチェック項目

　私たちはクライアントの経営者に対して、物事の概念的な判断基準・決断基準を紹介しています。

　これは、私たちのコンサルティング経験からきたもの、また普遍的な原理原則からくるものを 21 か条に整理したものです。経営者が行う判断・決断の意思決定が、「経営の原理原則」に沿うものかどうかを客観的に投げかけるものです。

　表の左に「経営判断・決断基準」を、右にその決断の背景や根拠についてヒントを記載しています。この「社長の経営判断・決断基準」に沿って、眼前の案件に対して、まず経営者自身が熟考してみましょう。

『社長の経営判断・決断基準』
21のチェック項目

※経営者の毎日の判断・決断の際に、今一度、「決断」の原理原則を見直してみましょう。

経営判断・決断の基準		その決断の背景の考察	
1	その判断や決断の動機は善で、私心はまったく入り込んでいないか	①	判断は基本的に自分の利益を優先した場合に間違いやすい
		②	後からどんなに理屈をつけても、私心の行動はどこかで見破られる。常に公共の利益、顧客の利益を優先する姿勢は、言動が一貫しやすい
2	その判断や決断は、顧客の利便性や都合を優先したものか	①	「顧客第一主義」「顧客優先」と掲げても、その実、自社の都合を優先している企業は多い。思いつきの行動は、やがて社内からボロが出る
		②	当初は「顧客優先」でも、途中で自社都合の論理に変わることが多いので、最後まで当初の経営理念を貫く姿勢が重要である
3	その判断や決断は、今、すべきなのか（拙速では）	①	「熟慮断行」に必要な情報を集めての判断かどうかが重要である
		②	「思いつき判断」「成り行き判断」「行き当たりばったり判断」は、性格や癖によるものである。「スピード経営」と「思いつき判断」は異なる
		③	同じミスを繰り返さないよう、自分を律する必要がある
4	その判断や決断は、時間をかけたら、よい結果が出るものか	①	「わかっているのに問題を放置」「判断の先送り」が、事態を悪化させることがある
		②	遅疑逡巡はリーダーの資格がない証拠である

5	その判断や決断は、社会通念から見て、賛同を得られるものか	①	厳しい決断でも新奇な発想でも、後から多くの人の賛同が得られるかが重要である
		②	相手のことを軽視した自己中心的な判断は、必ずしっぺ返しがある
6	その判断や決断は、脱法・違法などの嫌疑をかけられるものではないか	①	どんなに戦略的なことでも、違法行為や社会通念からコンプライアンス違反とされる対策は愚の骨頂である
		②	刑事事件にならなくても、グレーな部分、法スレスレの行動は厳に慎む
7	その判断や決断は、「楽をして儲けよう」という意識がどこかにないか	①	どんな商売であれ、「汗と努力」「時間とコスト」をかけずに利益を上げることはない。目先の利益、急激な儲けは急激に衰退する
		②	「楽をして儲けよう」と思うこと自体、トラブルの元である
		③	「即儲かる」と紹介されるビジネスにロクなものはない
8	その判断や決断は、目の前の利益だけではなく、将来を見据えたものか	①	決断をするには、「決断後の姿」を描けなければならない。決断は、将来を見据えて正しく検討された判断の元で可能となる
		②	目先の情報・利益優先だけで判断すると、将来の利益を失うことになる。「損して得取れ」「Give & Take」「win-winの関係」を大事に
9	その判断や決断は、多方面から意見を聞いて検討したのか	①	自分だけの判断では、「独善」「独りよがり」になりがちである
		②	さまざまな角度から、意見と情報を集めて判断しないと、拙速な行動になりかねない。目的を失ってはならない

Chapter 9　後継者に残したい「経営者の価値観・経営判断基準」

10	その判断や決断は、現地・現場の生の声を聞いたうえで、事実を把握してのことか	①	事実に勝るものはない。いくら立派で合理的な見解や仮説も、事実は異なる場合が多い。現地・現場の生の声は自らの目で耳で把握・確認する
		②	事実をよく調査せずしての状況判断は、往々にして間違いやすい
11	その判断や決断は、姑息な手段で、後から弁明に苦慮する可能性はないか	①	大義のない決断、小手先のテクニックを使った対策に一貫性はない
		②	後から「言い訳」「取り繕い」「その場しのぎ」が必要なことが発生するのは、間違った判断
12	その判断や決断は、自ら正しいと思ったことを曲げて、他人の意見に流された結果ではないか	①	経営者が納得しないまま幹部や身内の言葉で決断しても、その責任は、やはり経営者にある。失敗を元に戻すには何倍もの労力と信頼が必要となり、時に「覆水盆に返らず」になることもある
		②	仮に経営者の判断が間違ったとしても、自ら信じた決断に責任を持つことが重要
13	その判断や決断は、部下の担当であっても、自分が当事者として、しっかり考えたうえでのことか	①	幹部や社員の責任による事項でも、稟議書・報告書の内容を確かめもしないで判を押すのは、後から問題になることが多い
		②	経営者である以上、自社に関係することはしっかりチェックしておく。経営者から社員まで「報連相の徹底」が基本である
14	その判断や決断は、感情論や風評によるものではなく、明確なデータや証拠に裏づけされたものか	①	「人の噂」は当てにならない。情報の裏を取る習慣をつけなければならない
		②	冷静さを欠いた状態、例えば怒った状態、興奮状態、病気で弱気になっている状態で、大きな判断はしないほうがよい

15	その判断や決断は、冷静さを失った「焦り」や「疲れ」がある時にしていないか	①	焦っていたり、精神的に疲れた状態では、自分の都合のいい解釈になりがちである
		②	客観的な事実を飲み込める状態、苦言提言も聞き入れる冷静な状態でないと、決断は偏りやすい傾向がある
16	その判断や決断は、「言った内容」ではなく、「誰が言ったか」に惑わされてはいないか	①	日ごろから信頼し影響力のある人の発言や情報・提案でも、すべてが正しいとは限らない。参考意見として聴取し、判断・決断は自らが行う
		②	日ごろから的外れな言動や、偏った見方をする問題社員が、いつも間違った提案をするとは限らない。意見は最後まで傾聴する
17	その判断や決断は、実行した場合のデメリットを十分に検証したうえでのことか	①	メリットやプラス面ばかりを考えて、物事を判断してはいけない
		②	すべての事象には、デメリットやマイナス面がある。それをトータルで判断するためには、「書き出して判断」することが有効である
18	その判断や決断は、最後には自ら責任を取る覚悟があるか	①	役員や幹部社員の意見を採用しても、最後は自ら責任をとらざるを得ない。責任逃れはできない覚悟があるか
		②	自ら招いた判断ミスは自ら責任を負う。外部環境でも社員でもない。責任をとるとは、自ら矢面に立つことを意味する

Chapter 9 後継者に残したい「経営者の価値観・経営判断基準」

19	その判断や決断は、企業の差別化・バリューを生むものか	①	「ニッチ市場」「新規事業」「既存商材の改革」など、事業構造に関わる経営判断は、その結果が「少しよくなる」程度では価値が低い
		②	決断した対策が「新たなバリューを生む」ものか、「他社との明らかな差別化に繋がる」ものかをじっくり検討しなければならない
		③	経営で「選択と集中」は必須であるが、自社の器を顧みず多方面に手を伸ばしすぎ、経営を肥大化させてしまうような判断は、経営破綻に繋がる要因となる
20	その判断や決断は、情に流されて、本来の合理的判断を狂わせていないか	①	「人情に厚い」経営者は多い。その人情が災いして、決断が遅れたり、間違った判断をするケースも多い
		②	合理性のない社内人事や処遇、顧客や協力企業からの要請は、冷静に判断しなければならない
21	その判断や決断は、途中で状況が変わったにもかかわらず、当初の決定に固執してはいないか	①	時間の経過とともに、刻一刻と状況が変わることがある。それにもかかわらず、当初の決定を曲げずに固執し過ぎては、判断を間違える
		②	「朝令暮改」でも、検討を重ねた暮改は時に必要なこともある
		③	リーダーの条件に「臨機応変」は重要なファクターである

183

（5）行動規範・判断基準の基本 13 か条：事例

　ここではある中小企業の「経営判断基準」をシンプルに 13 か条にまとめたものをご紹介します。

　これはそのまま行動規範になっているものです。

　この 1 つひとつの文言を見ていると、現経営者がどんな経験をし、どんな苦労があったかを垣間見ることができます。

　また、経営理念や行動規範でわかりづらい表現を「わかりやすく表現」したことで、経営者にも幹部社員にも理解できるようにしています。

株式会社○○○○○○○○
経営判断・決断基準

①現場・現実・現品で判断する

　自らの眼で見聞きせず、部下や他人の報告だけの判断は往々にして間違う。三現主義こそ経営者の務め。

②大義ある判断には人がついてくる

　大義とは、自社だけのメリットや利益だけでなく、人として筋の通ったもので、公益性や社会、顧客のお役に立つことである。そうでない私的な利益追求は必ずしっぺ返しがくる。

③メリットばかりのうまい話に乗らない。疑ってかかれ

　新規事業や儲け話には必ず裏がある。裏まで分析して、意義があるならやろう。しかし、裏取りをせず表面的なことだけでの判断は厳に慎む。

Chapter 9 後継者に残したい「経営者の価値観・経営判断基準」

④ラクして儲けて長く続き、尊敬される会社はない

　本業による利益こそ大事。汗水たらさない一時的な利益（浮利）は人間をおかしくする。

⑤何かを決断する時、誰かに一方的に不利なことを押しつけたり無理強いをしてはいけない

　何かの経営判断をする時、特定の利害関係者だけに負担や無理強いをしないようにする。

⑥あてにできない不確定要素を頼っての前のめりの決断はリスクが多い

　予定もまだ決まってもいない段階で、「自社にいい風が吹くかもしれない」という外部要因の可能性をあてにした経営はしない。

⑦目先の利益より長期的な利益を考えて判断する

　3年後、5年後、10年後に意味のある決断をする。今年さえよければという短期の視点での行動は後々大きな損失となる。

⑧ごまかしや姑息な手段で、後から言い訳しない

　誰からも後ろ指をさされない筋の通った判断であることが大事だ。後から言い訳せざるを得ないごまかし、姑息な手段は厳に慎む。

⑨感情や風評ではなく、データに裏付けされたものが真実

　事実はデータや数字に表れる。感情が入り込んだ他人の報告や評価、社外の風評を鵜呑みにせず、データから読み解き、判断する。

⑩焦りや疲れがある時に大きな判断をしない。冷静さの欠落は命取り

　業績回復のために焦っている時の経営判断、疲れて感情的になっている時の判断には冷静さがない。冷静さのない決断は失敗する。

⑪「誰が言ったか」ではなく「何を言ったか」で判断する

　気に入らない部下でも言っていることが正しいならその意見を採用する。お気に入りの部下でも言っていることに大義がなければ退ける。この姿勢こそ人がついてくる秘訣である。

⑫情に流されずに判断する

　人情が経営判断を曇らせる時がある。経営者は冷静に現状を見つめ、好き嫌い、恩義や親しみを優先した判断をしてはならない。

⑬「フェアプレーか」「社会通念としてどうか」で判断する

　正しい経営とは、法律違反さえしなければよいというものではない。社会通念としてどうか、他人様がフェアプレーだと思ってくれるかが大事。

② 社長の経営実務判断の基準

　ここまで「経営判断基準」や「行動規範の事例」を見てきました。

　行動規範でもある程度の後継者教育は可能です。しかし、これらは実務判断基準ではなく概念的なので、見方を変えれば、どんな行動も根拠さえあれば正しいことになりがちです。

　そこで、ここでは実際の「経営実務判断基準」を整理した実例をご紹介します。

　この企業では、これを「創業者の遺言」として、現経営者、後継者、そして私たちコンサルタントが相当な時間をかけて一緒に文書化しました。

　現経営者の思いと後継者の思いが「実務の経営判断基準」として入っており、後継者時代の「自社独自の経営の虎の巻」になっています。その後、これをベースに役員幹部研修を行い、この表現に含まれた思いを、現経営者や後継者から直接語ってもらいました。

　この経営実務判断基準は、現況をベースとしているため、時代の変化とともに見直しすることが必要です。

　ある中小企業の経営者にこの事例を紹介した時「ここまで価値観を制限されると、経営判断の幅が狭くなる。行動規範などの概念だけでいいのでは？」という指摘がありました。

　すでにいろいろな実践経験をしている経営者に対しては、ここまでの詳細な基準は不要かもしれません。しかし、まだ実践の経営判断や決断の経験のない後継者には、これを一緒に作成することが「現経営者の経験を学ぶ活きた学習」になることは間違いありません。

1．経営戦略に関する判断基準

（1）出資・資金投入の判断

①出資する場合、利殖目的が大義を上回る場合は是としない

②本業とのシナジー効果や大義がある場合のみ出資

③自己資本比率が 20％以上をキープしたうえで、財務の影響がない範囲で行う

④自己資本ではない融資等での投資はしない

（2）新規事業参入時の判断

①新規事業を自社が取り組む大義があるか（自社でやる理由が明確か）

②本業とのシナジー効果があるか

③本業とのシナジー効果がない事業は、本体に影響しない別資本で

④ 3 か年で収支トントンの予測がつかない事業には参入しない

⑤取り組むと判断した新規事業は、トップクラスの人材を責任者に据える

（3）設備投資の判断

①その投資で「生産性アップでキャッシュを生む」かどうか

②キャッシュを生まない投資（本社などのコストセンター）は「より慎重に、より軽く」が基本

③成熟ビジネスで競争が激しい場合、過大投資より過少投資のほうがリスクが小さい

④設備投資は転用・転売できない場合を考慮すると投資額は抑え目に

⑤戦略的投資とは、中期内に償却可能な利益を生む投資である

⑥明確なあてがなく、一か八かの賭けに近い投資はダメ

⑦回収計画の具体性に乏しい設備投資はしない

Chapter 9　後継者に残したい「経営者の価値観・経営判断基準」

（4）新製品に関する判断

①新製品はテストマーケティングで具体的なニーズがあるもののみ開発

②二番煎じまでは OK だが、三番煎じは NG

③付加価値を上げてもコストがあまり上がらないものに限定（コストが高いものは結果的に売れない）

④付加価値がないなら、徹底したコストダウン製品で他社より 10％以上低価格の実現見込がない場合はしない

（5）人材採用の判断

①適正労働分配率を超えた場合の採用は慎重に行う

②増員した分は新たな付加価値を生むのが原則（既存社員が楽になるだけなら NG）

③新卒採用は、学歴より人柄で採用（役員の過半数賛成のみ）

④大卒は採用前に飲みに連れていき、素行と本質を見極める

⑤中途は、専門性があり、即戦力以外採用しない（長期で育てる場合は 30 歳まで）

（6）人材評価の判断

①経歴、経験、言葉やジェスチャーに惑わされない（行動結果で良否を判断）

②しっかり指導したうえでの失敗の許容範囲は 2 回まで。3 回目の失敗は見込なし

③まったく時間がとれない場合以外 1 次評価、2 次評価はしない。直属上司とその上の管理者が同時に協議しながら、その場で評価する

④同期入社・同年齢でも能力、貢献のある者は優遇。横並びでの処遇はしない（彼を上げたらあいつも上げないとひがむから、と上げるのは NG。ただし、しっかり動機づけする）

（7）役員・管理者登用の判断

①嘘をつかない・正直な性格以外ＮＧ（能力があってもこれは絶対遵守）

②疑わしい行動、妙な噂がある場合、本人に正して事実を言わない場合登用不可

③役員登用時、１期２年の成果と貢献を明確に公言させる

④自己中心的な性格の場合は、部下の多い部門の管理者にはしない

（8）役員・管理者の降格の判断

①不正は疑わしい行為も含めて、身内であってもケジメをつける

②経営判断基準を無視して屋台骨を揺るがす失敗をした場合、役員なら解任（部門長は降格）

③もし、その役員幹部に対して従業員にもわかるケジメをつけなかったら「従業員がどう思うか」を考えて判断する（仮にその役員幹部のスキルが必要でも、組織風土を優先する）

（9）資金対策に関する判断

①資金計画は６か月先行管理で行う

②金融機関は、常に競わせる環境にしておく（仮に条件がよくても、過度な比重を上げない、１行比重は50％以内）

③余剰資金があっても、原則資金運用は禁止（浮利を追わず）

④営業が債権回収に積極的でなく、債権回収が極めて困難な場合（督促・残高照合３回）、営業部門長と相談の上、管理部門が是非を判断する（管理部門が不良債権と判断した場合、営業部が責任をとる）

⑤どんなに親しい顧客や業者からでも、キャッシュバックのような取引の申し出は原則断る

⑥顧客、業者や社員個人への法人からの貸付は、どうしてもの場合、原則担保設定の上与信限度枠内で行う。役員会で承認をもらう（100万円以上は担保・保証の約定）

（10）拠点展開の判断

①原則、出店候補地域の業績が固定費の70％の粗利益が見込めると判断した場合は可

②顧客の強い要請と、ある程度の仕事確保の保証がある場合可

③明確な見込みなく、移動の利便性や出張負担が大きいからとの理由での拠点展開はしない（その場合駐在員の住居のみ異動）

④新店の責任者は、エース級を異動させる（エースが出せない場合、出店自体を再検討する）

⑤顧客の軒先を借りる場合、大きく展開した時にそれが足かせになる可能性がないか確認し、少しでもあるなら、家賃コストが安かったり、利便性が高くても、自前の拠点を持つ

⑥飛び飛び出店はしない（ドミナント、拠点間移動距離が短いに限る）

（11）子会社設立時の判断

①子会社は、本体の中でビジネスをすると弊害があり、本体の規制がないほうが成長が見込める場合許可

②定年社員やリストラの受け皿として子会社を使う場合でも、子会社が本体以外からも生産性が上げられる可能性がなければ設立しない

③子会社は本体の役付役員以上が代表権を持つ（子会社社長は、本体の専務以上、子会社役員は本体の部長級以上）

④本体の社員を子会社の実質的な責任者にする場合、出向、3年後転籍を条件に、骨をうずめる覚悟で行ってもらう

⑤子会社への出向から3年経過したら、業績や貢献度により、本体の同列・同期の社員より上げても下げてもよい

⑥子会社を設立する時、業務の必然性や業績効果よりも、税制メリット、免税、交際費枠、節税等のメリットを優先して考えない。あくまでも市場主義で判断する

(12) 組織変更時の判断

①その組織がより顧客に近く、顧客にメリットがあるかで判断する

②行動と意思決定が速いかどうかで判断する

③無意味な複雑な階層は作らない（責任が曖昧にならないように明文化する）

④管理責任者は1名、補佐が1名、その上の役員や統括はサポーターとなり、職務権限を委譲する

⑤兼務は最小限に。リーダーが兼務の場合、サブは必ず専任とする

(13) 業務提携の判断

①シナジー効果が確実にあるかどうかで判断する。シナジー効果が即見込めない場合は見送る

②明確な契約書が交わせるかどうか、契約書には弁護士が立てられるかどうかで判断する

③契約時、物別れになった場合の条項を入れる話ができるかどうかで判断する（曖昧なスタートは原則NG。タイミングを逸してもNG）

④簡単な業務提携でも役員会の決裁をとる

(14) 買収・出資時の判断

①買収案件を検討する場合、必ずデューデリが可能な機関に依頼する

②買収資金は多めに見積もり、自己資本比率が20％以下にならない範囲で資金調達する

③事業としてシナジーが見込めるか（具体的に業績に貢献できるか）

④社風や企業文化が合わないと判断したら、交渉しない（それがわかるまで業務提携の範囲）

⑤相手先の従業員から協力がもらえるかどうか

(15) 売却・撤退縮小時の判断

①3期連続赤字で見通しが立たない場合、それまでいかに投資しようとも撤退縮小する

②売却する場合、少しでも利益可能性が残っている状態で決断する（赤字が常態化した場合、売りにくい）

③経営者またはエースの役員が再生に取り組んでも、2年間目途がたたないなら撤退する

④仮に今利益が出ていても、将来的に「脅威」が増して低迷が確実なら、早い段階で売却または分社化する

（16）リストラ不可避時の判断

①リストラ時でも、将来キャッシュを生む事業への投資や資産は最後まで手放さない

②再生後の青写真がないリストラは失敗する

③人員削減は原則禁止（全員で痛みを分け合う。立場が上の人間ほど厚く痛みを受ける）

④人員削減リストラ不可避の状況では、たとえ苦しくても1回ですべてのウミを出し切る（逐次リストラは禁止）

⑤早め早めに決断する。「見切り千両」を良しとする。損切は経営者が決断する

（17）誹謗中傷、ネット書き込みなどへの対処、メディア対策

①粛々と事実を積み上げる（他人の陽動作戦に乗らない）

②専門家に相談しても、小手先のテクニックだけで解決しようとしない（誠心誠意対処する）

③トラブルの原因を明確化し、自社の反省点は心から陳謝する

④原則、隠さない、迅速に公開する、逐次出さない（最初から全部出す）

（18）半期経過後、通期で赤字が見えた時の判断

①経営全般、各部門の管理可能経費の大幅な抑制策をとる

②目先の業績のために、来期の業績に直結する仕掛けや投資の手抜きはしない

③わかった段階で3か年でトータル黒字になる中期経営計画を緻密

に作成する

(19) 増資・外部株主を入れる時の判断

①社長は51%以上を確保する（一族内で対立する可能性が否定できないなら、社長個人が51%以上になるように買い越す）

②外部株主を入れる時は、合算で10%にならない範囲にする

2. 営業に関する判断基準

(1) 顧客と価格交渉時の判断

①原則、無抵抗に値下げを受諾しない（必ず先方も渋々承する条件とセットで交渉する）

②顧客の値下げ要求に対しては、担当者がその場で結論につながる言動はしない

③顧客に値下げ要求の背景を詳細に聞き出す

④値下げ要求の場合、顧客はどんな覚悟があるかを聞き出す（どんな条件なら飲むか）

(2) 新規取引先の判断

①先方からきた新規案件（紹介も含む）は信用調査が前提（情報のない取引はどんな条件がよくても禁止）

③新規を取るために、大事な既存顧客以上の条件を出すのは原則禁止

(3) 受注拒否の判断

①原則、見積段階で粗利が15%以内の単発物件は受注しない

②契約までの当初予定と大きく違う仕様変更や条件変更があった場合、必ず仕切り直しをし、見積の再提出を行う。それで所定粗利がない場合は断る（ダラダラと相手の要求を飲まない）

③上得意先の所定粗利率未満の物件は社長判断（勝手に判断しない）

④条件が厳しい場合、相手に期待感を持たせる言動は禁止

（4）赤字受注時の判断

①赤字受注は原則社長判断

②赤字受注での受け入れ条件は、LTV（生涯付加価値）があるかどうか（単発の赤字受注はNG）

②同じ顧客からの連続した赤字受注は受けない

（5）クレーム発生時の判断

①顧客の機会損失を最大限防ぐように対応する

②言い訳しない

③先方が怒って会わないと言っても、責任者はまず謝罪と今後の対策の面談を必ずする

（6）アフターサービスの判断

①アフターサービスは企業の生命線だと理解する

②アフターサービスでの生産性や利益を事業計画に組み入れる

③アフターサービス専任者を必ず置く（兼務させない）

（7）売上計上での判断

①売上目標に未達の場合でも、架空売上、売上後の翌月赤伝、契約書・受注書のない売上は厳禁

②売上の帳尻を合わせるために、顧客に無理やり売り込むのは禁止

（8）顧客が災害被害にあった時の判断

①担当者、役員が必ず見舞いに行く。他の業者より先んじてイの一番に行く

②見舞金はできるだけ多くする

③人的支援をこちらから願い出る

（9）接待交際時の判断

①1次会で満足を提供する

②2次会が必要な場合、顧客のランクや今後の期待値で社長が決定する

③酒席だけで終わらせず、必ず3日以内にお土産が届くよう手配する

④顧客接待以上に、仕入先、外注業者への接待を意識する（顧客より、業者のほうが利益貢献が高い。業者を大事にしないとしっぺ返しされる）

（10）顧客への贈り物をする時の判断

①歳暮も中元も常識の範囲の品にする

②歳暮と中元の間に季節の贈り物を選定して送る（社長の言葉を添えて）

（11）取引先信用リスク時の判断

①回収に関するマニュアルを遵守する

②危ない情報や通常と違う雰囲気を感じた時、社長まで情報を上げる

Chapter 9 後継者に残したい「経営者の価値観・経営判断基準」

コンサルティングの勘所 **9**

長期経営顧問企業でコンサルタントがやってきたこと❸

「そんな超・長期経営顧問企業のコンサルティングなんて、一部の能力の高いコンサルタントしか無理ですよ。嶋田先生だからできたんですよ」

これは、ある知り合いのコンサルタントが言った言葉です。

しかし、彼の認識は間違っています。超・長期経営顧問企業のコンサルティングは、能力でも豊富なコンサルティングネタでもなく、ある一定の法則に沿って行い、ある一定のスキルさえあれば、誰でも可能です。

その法則とは、この3回目に紹介する

⑥ 経営会議の司会と書記
⑦ 経営計画書を毎年作成

をいかに徹底できるかだと思います。

⑥経営会議の司会と書記

ある会計事務所職員がこんなことを言いました。

「経営会議の指導をするのですが、3回ぐらいで尻切れトンボになります。会議の仕方を教えた後が続きません」と。

これは「会議の仕方を指導」しているのであり、そういうものはあまり長続きしません。だいたい、会議の仕方なんてほぼ決まっているし、それを何回も言われても、マンネリになるだけです。

また、あるコンサルタントはこんなことを言いました。

「議題検討時に、依頼に応じて指導したり、会議の最後にコメントしています。会議自体はクライアント主体なので、そのうち、なし崩し的に関係が希薄になっていきます」と。

これは昔のコンサルタントがしていた「指導スタイル」です。高い顧問料をもらっていて、ちょこちょこっとコメントして帰っているようでは、続くはずがありません。

「経営会議の司会と書記」は、超・長期経営顧問企業のコンサルティングをするうえでの「鉄板技術」です。

197

経営会議の司会即ち議長は、大きな権限があるから「決定事項」を出すことができます。この議長が決定権者の社長や、または権限のまったくない者が進行だけをする持ち回りなどでうまく機能するはずがありません。

　そこは第三者であり、物事を客観的に言える立場の「経営コンサルタント」が司会を行うことで議事が進むのです。

　さらに「書記」の仕事は、後から議事録を回覧するだけではありません。その場で、5W2H で具体的な決定事項を出さないと、会議生産性は上がりません。

　決定事項や保留、却下、審議継続をパソコンに入力し、それをプロジェクターやモニターに映し出して、皆がその内容を見て、判断していくのです。

　その画面を見ながら、「これが決定事項でいいですか？」「担当は誰ですか？」「いつからどう実行しますか？」と司会であるコンサルタントはたたみかけていきます。

　こんなことを言えて、書けて、指導できるのがコンサルタントの「経営会議の司会と書記」なのです。

　そして、「先生が来てくれないと、経営会議もままなりません」と言われることは、ある意味的を射ているのです。

　この話をしたら、あるベテランコンサルタントから、「それはクライアントの自主性を奪っている。いつまで経ってもクライアントは独り立ちできない。コンサルタントの安定収入のために、そう仕向けるのはおかしい」と注意を受けたことがあります。

　あなたはどう考えますか？

⑦経営計画書を毎年作成

　決算時期を迎えたら、経営計画書の作成支援をします。それは「計画経営のスタンダード」として、赤字だろうが黒字だろうが、経営者が交代しようが病欠しようが、当たり前のように続けます。

　しかも、経営者とだけで作成するのではなく、役員幹部にも部門方針目標を作成してもらい、責任をとってもらって作成します。

　この経営計画書が必須なのは、経営者もコンサルタントも場当たり的なことを極力なくすためです。年度目標とアクションプランがあれば、

月次の経営会議のチェック項目が決まるので、そのモニタリングから入ります。

　時に、経営者もコンサルタントもコンサルティングの流れの中で「ネタ切れ」「課題が見つからない」状況が発生します。その時、改めて経営計画書に記載されていることでまだ未実施のことや、やっていても成果の出てないことを再度拾い上げることで、「空白のコンサルティング」はほぼ撲滅できます。

　経営計画書の作り方、フレームというのは千差万別で、これが正しいというものはありません。ただ、方針や目標を羅列しているだけの「経営計画書」は、ほとんど期首に作成しただけで終わっていることが多い。それは、その経営計画書にモニタリング機能や、進捗状況をチェックして記入できるシートなどがないためです。

　数字の予実績チェック以上に重要なのは、「アクションプラン」のモニタリングです。このアクションプランのモニタリングが経営会議や幹部会の議題となるわけです。

　いずれにしても、経営計画書がないコンサルティングは「片肺飛行」だと言わざるを得ません。

Chapter 10

二頭政治・院政を抑制する

《社長から後継者への実務の職務権限委譲計画》

院政が後継者を潰す
～なかなか会社離れができない現社長～

(1) 院政の弊害

「院政」は、現役を引退した権力者が、後継者の時代でも実権を握ることと解釈されています。

もともと平安時代の末期から、天皇が皇位を後継者（次期天皇）に譲って上皇（太上天皇）となった後も、政務を天皇に代わり直接行う政治形態からきています。

今風に言えば、実力社長や創業社長が後継者へ経営権を譲ったにもかかわらず、会長として実権を握り、そのせいで後継社長が全責任をもって経営がしにくい状態です。

この「院政的経営」はさまざまな波乱の要因となり、いろいろな弊害が生じます。

- 後継者にいつまでも責任感が醸成されず、会長への依存心が強くなること
- 「会長派」と「社長派」という社内を二分する組織抗争に発展しがちなこと
- 会長の介入が度を超すと、後継者が辞任して会社を離れ、会長が出戻りで経営者になるという事態になること
- 一族の争いにまで発展しかねないこと
- 後継者と共に将来への希望を託した若手や有能な社員が離脱すること　等々

Chapter 10　二頭政治・院政を抑制する

　いずれにしても、「院政」から生まれることによいことは何もありません。

　これからご紹介することは、私たちがこれまで経営承継コンサルティングで経験した実例です。

■ケースA

　80歳を過ぎた元気ハツラツの老齢社長が会社の実印を持ち、人事権も譲らない。60歳の息子の専務は金融機関と交渉したことも、自ら契約書に押印したこともない。その専務は「自分のほうが社長より先に逝きますよ」と自嘲を込めて言うのが口癖だった。

■ケースB

　経営者は後継者の40歳の息子の常務にも、資金繰りや決算書を見せたことがないし、その意味も説明していない。なぜかと聞くと、「説明が難しい代表者勘定の科目があるから」とのこと。後継者に真のあるべき姿を説明しないまま、「後継者だから頑張れ」と言われることに、常務は疑問を感じていた。

■ケースC

　経営を譲ったのに、後継者がやっていることや後継者の指示で動いている社員に、陰でダメ出しする。口では任せていると言いながら、事前に後継者の真意を聞かずに直接社員に違う指示をすることが多発。二頭政治が顕在化して、前社長と後継者の関係は最悪になった。

■ケースD

　役員会の席上、後継者が考えて準備をしていたことに対して、現社長の価値観に合わないと、「お前は甘い」等の経験則を持ち出し、否定しまくる。何を提案しても「やってみろ」とは言わず、何かといちゃもんをつける。しかし、実力社長に対して誰も何も言わない。後継者が辞表を出すまでに発展。

■ケースE

　院政が常態化し、社員は後継者の言うことよりも、会長の指示を優先し、後継者には実務権限が全くない。自分の指示で動く社員もいなくなり、自ら降格を願い出た。

■ケースF

　会長は「最後は自分が責任をとらねばならない」「後継者に負担をかけてはならない」という気持ちが強すぎて、無意識に「院政」が行われていた。後継者を思う気持ちはわかるが、その結果、後継者は何かにつけて、会長の判断と指示を仰ぐようになった。

　このように「院政」は、会社組織や人事をおかしくするだけでなく、後継者育成を妨げるということを認識する必要があるでしょう。

(2)「院政をしたくてしているわけではない」社長の本音

　しかし、現社長や会長にも当然、言い分があります。

　ある会長は「院政なんてしたくないですよ。でもね、多くの会長が結果的に院政を敷いていると言われる理由があるんですよ」と。

　どんな理由から会長は、意に反して院政を敷いている状況になっているのでしょうか。

❶ 後継者が心もとない

　これが一番の理由です。しかし、どの経営者も最初から今の経験や知識、実力があったわけではないし、それ相応の失敗もしてきたはずです。なのに、「後継者には失敗をさせない」「心もとないから自分が手を出す」という理由では、経営者として「経験学習」の機会を奪っていることになります。

Chapter 10　二頭政治・院政を抑制する

❷ 当面保証、対外信用が不安

「金融面での経営者保証が外れないから」、顧客や仕入先など、対外的な"顔"として、まだ後継者として認められないという理由です。経営者保証はともかく、対外信用は時間をかけて後継者に取り組ませる項目です。

現在は金融庁から「経営者保証に関するガイドライン」があり、経営者保証の条件が緩和されています。

❸ 自分でなければできない仕事が残っている

会長でなければならない仕事とは何か？　もし会長自身が１人の優れた技術者なら、それはあるかも知れません。しかしそれ以外に、会長でなければならない実務業務はほとんどないでしょう。

社長から依頼されたことがあれば、それを行うのは問題ありません。しかし、社長が望んでもいないのに、何らかの仕事をやろうとすると必ず問題が発生します。

もしあるとすれば、後継者にさせたくはない、会長が社長時代に作った「ヨゴレ」の仕事です。

この「ヨゴレ」とは、主に一族の処理とか社外株主問題などの当事者しか知らないことの整理です。

❹「後継者は力不足」「前社長希望論」の声を、あちこちから聞く

いったんは会長職になり、経営を客観的に見る立場になったとします。しかし、全社員が後継者の実力を認めるには時間もかかります。また会長が社長だった時代がよかったと思っている社員もいます。

すると、会長の耳に「後継者は問題だ」とか「今の会社の戦略はダメだ」とか「やっぱり会長が経営しなければ……」などの意見がチラホラ、会長の耳に入ってきます。

後継者はまだまだこれから経験を積み、育っていくものです。百戦錬磨の会長と比較しても仕方のないことです。

しかし、この「前社長希望論」を心地よく感じる会長は、ここで行動に

出る場合があります。それがお家騒動の始まりになるのです。

❺ 仕事が生きがいで、仕事を辞めたらすることがない

「仕事＝人生」という経営者は多いものです。仕事ばかりの人生で、気づいたら引退の年齢。しかし、仕事以外に趣味も生き甲斐もないと、「仕事への執着」が強くなります。

ある経営者は仕事から外れて、趣味のゴルフ三昧、旅行三昧の日々を送っていました。しかし、そんなことはすぐに飽きてしまい、「人生のモチベーション維持」に一苦労したそうです。

経営者は後継者にバトンタッチを意識する前から、「経営承継後、何にエネルギーを費やすか」を考えておく必要があります。

ある経営者は、社長時代から業界団体の役員であり、同じ会長仲間と新たな事業を立ちあげ、嬉々として働いているというケースもあります。仕事はやはり、生きていくモチベーションを維持する最大のものなのです。

❻ この厳しい企業業績で辞めると会社が崩壊する。ある程度改善したら、その時に辞めるつもり

これは、業績が厳しい時に経営承継期を迎えた場合です。大企業の場合でもよく聞く話です。

中小企業のケースならば、何も会長が社長に復帰しなくても、会長として社長の支援や補佐に回ればいいだけです。代表取締役会長でなくても、取締役を維持しているならそれは十分可能です。

わざわざ社長に復帰するのは、違う思惑があるのでは、と周囲から勘繰られることにもなりかねません。

② 社長から後継者へ実務権限を委譲する「職務権限委譲計画」の立て方

(1) すべての職務権限は文書化できる

ある企業の会長に、私（嶋田）はこんな質問をしました。

「会長が現在行っている仕事は何ですか？」

すると、

「社長がフォローできない業務ですな。まあ球拾いみたいなもんですよ。それと社長が気づかないことへの提言かな。後はなんだろう？ でも、会社に来るといろいろすることがあるんだよな」

何もやっていないような口ぶりで、仕事に結構な時間を割いているようです。

おそらく本人は、これといった仕事をしていないつもりです。

ところが、新社長（後継者）に聞くと、

「会長が現場を回っていろいろ指示するみたいです。従業員も声を聞くだけならいいですが、私の指示や会社の方向性とは違うことを言われるので、現場は困惑して……」

「会議なんかに出てもらうのも困りものなんです。議論の経緯を知らないまま発言するから、物事が決まらないし……」

「私に任せるというのに、あれはどうした、これはこのようにせよといちいち指示をしてきます。少額な稟議書も決裁後に見ているみたいで、後から『なんであんなものを買うんだ』とチェックが入ります」

要は、会長は知らず知らずのうちに、社長時代とあまり変わらないことをしているのです。

　そこで、会長（社長）が行っている判断業務や指示業務、チェック業務を洗い出し、それらをいつ後継者に完全委譲するかを明文化することをおすすめします。

(2) 職務権限委譲計画の段取り

　職務権限移譲計画の基本は、「〇年までに△△業務・◇◇決定権を委譲する」と明文化することです。

　これをすることで会長自身も、「実務権限を後継者に渡すという諦め」と、渡した後の「新たな気づきやミッション」を見つける可能性があります。

　後継者が忙しくなることで漏れが生じがちなこと、後継者が内部の経営に力を注ぐ代わりに、外部の業界や地域の付き合いなどは会長が率先してやることで、後継者が大いに助かることもあります。

　まず会長（社長）の仕事（判断業務・指示業務・実務）を整理してみましょう。

　別表の「毎日の仕事」「毎週の仕事」「毎月の仕事」「スポット仕事」を整理した「経営者・取締役の業務分担整理一覧表」に書き込んでもらいます。

　この表への書き込みを依頼しても、なかなかすべては網羅できません。そこで私は、会長（社長）への直接ヒアリングで現況や意見を聞きながら、「経営者・取締役の業務分担整理一覧表」のシートに書き込んでいきます。

（3） 第三者と一緒に作成して、証人になってもらう

　この職務権限委譲計画は、コンサルタントや税理士、または経営支援の専門家と一緒に作成することをおすすめします。

　そうすることで、会議などで会長が従来通りの指示をしようとしたら、

　「会長、社長（後継者）と私とで、この件は2019年度から社長に一任すると決めましたよね。ここは任せてみましょう。社長は進捗状況を報連相するようにお願いしますよ」

　と、会長が直接介入し、指示権を発動したくなる要素を未然に防ぎます。

　また後継者に対しては、

　「社長（後継者）、これは2019年度から社長が行うように一緒に決めましたよね。忙しいでしょうが、しっかり行ってもらわないと、任せてもらった会長に言い訳できませんよ」

　と、社長（後継者）自身が、経営者として判断や指示、行動ができていない時も釘を刺します。

　この「職務権限委譲計画」を共に作成したコンサルタントの私は、いわゆる証人のようなものです。

経営者・取締役の業務分担整理一覧表

●デイリー、ウイークリー、マンスリーの各業務は、具体的な表現にする。
●後継者に委譲する業務では、「どこまでやるべきかの達成基準」まで記載しておくと後継者はイメージしやすい。
●後継者に渡す期限は、おおよその予定年を記入する。

		経営者・取締役のデイリー業務	どこまでやるか（成果の基準）	後継者に渡す期限（渡さない場合は×）	経営者・取締役のウイークリー業務	
一般業務（幹部もやっている業務・作業名・実務業務名）	1				月	
	2					
	3					
	4				火	
	5					
	6					
	7				水	
	8					
マネジメント業務（指示・管理・部門間調整・会議等）	1				木	
	2					
	3					
	4					
	5				金	
	6					
創造的業務（改善・企画立案・計画）	1				土	
	2					
	3					
	4					

記入日	
会社名	
役職・氏名	

どこまでやるか（成果の基準）	後継者に渡す期限（渡さない場合は×）	経営者・取締役のマンスリー業務		どこまでやるか（成果の基準）	後継者に渡す期限（渡さない場合は×）
		月初			
		中旬			
		下旬から月末			
		経営者・取締役のスポット業務		どこまでやるか（成果の基準）	後継者に渡す期限（渡さない場合は×）
			1		
			2		
			3		
			4		
			5		
			6		
			7		
			8		

※このシート（PDF）を入手することができます。詳細は「あとがき」をご覧ください。

(4) 職務権限委譲計画の事例

　前ページに記載された会長（社長）の「経営者・取締役の業務分担整理一覧表」から、「前社長が現在、自身の権限で実施していること」を記載します。

　そして、現在の権限の「大まかな内容」を記載します。その業務にそれぞれ年度で「業務移管・責任移管」する内容を決めます。

　ここでは ABC の３段階で色分けしています。

当面、自分がやらねば問題になる（ややこしくなる）	C
少しは、後継者に経験を積ませてもかまわない（一緒にやるほうがよい）	B
後継者に任せたほうがよい	A

　別表はある企業の「職務権限委譲計画」の例です。これをベースに実状に合った職務権限の詳細内容を議論して決定していきます。

Chapter 10　二頭政治・院政を抑制する

現社長の職務権限の委譲項目の整理票

会社名	
作成者	

※ ①会長（社長）が今、どういう業務を直接行っているか、直接の権限として決裁・決定しているかを整理する。
※ ②各業務の大まかな内容を表記する（後継者に理解をさせるため）
※ ③各職務権限から、「この１年間で業務移管、責任移管」したい項目を、C、B、Aの３段階で決める。
※ ④　　〃　　「２年で業務移管、責任移管」したい項目を、C、B、Aの３段階で決める。
※ ⑤　　〃　　「３年で業務移管、責任移管」したい項目を、C、B、Aの３段階で決める。
※ ③④⑤の検討段階では、現社長と後継者または第三者のコンサルタントや会計事務所を交えて行うとスムーズにいく。

当面自分がやらねば問題になる（ややこしくなる）	C
少しは、後継者に経験を積ませてもよい（一緒にやるほうがよい）	B
後継者に任せたほうがよい	A

	①会長（社長）が現在、直接の権限で実施していること	②大まかな内容	③この１年間で移管（2017年度まで）	④ 2018年度までに移管	⑤ 2019年度までに移管
1	商工会議所や業界関係の付き合い	商工会理事や組合役員	C	C	B
2	社外関係の行事やイベントへの出席	取引先の慶弔やイベント出席	B	A	A
3	株主総会の議事	株主総会関連	C	C	B
4	実印の管理		C	B	A
5	銀行印の管理		B	A	A
6	支払等資金関係の決裁	稟議の決裁・支払決裁	B	A	A
7	就業規則や諸規則の改正の決裁	規則変更や諸規則追加の決裁	B	A	A
8	社員の給与賞与決定	昇給・賞与の決定	A	A	A
9	幹部の給与賞与決定	昇給・賞与の決定	B	A	A
10	役員の給与賞与決定	昇給・賞与の決定	C	B	A
11	社員の人事異動の最終承認	昇格、昇進、異動の決定	A	A	A
12	幹部の人事異動の最終承認	昇格、昇進、異動の決定	C	B	A
13	社員採用の最終承認	採用の面接や最終決定	A	A	A
14	商品開発・改良の責任	新商品戦略の決定	A	A	A
15	新企画や顧客サービスの決定	新企画や顧客サービスの内容の決定	A	A	A
16	仕様変更、デザイン変更	商品の最終決定	A	A	A
17	顧客政策の最終判断	顧客別の取引方針の判断	A	A	A
18	価格政策の最終判断	価格の決定、損切りの決定	B	A	A
19	金融機関との付き合い	決算書の報告や交際	B	B	A
20	金融機関からの融資と資金移動	自己資金と融資の判断や担保の判断	B	A	A
21	決算の決定	税理士と打ち合わせして決算を決める	C	B	B
22	外注管理、仕入管理と判断	外注先ごとの方針決定	A	A	A
23	経営計画・年度方針の方針策定	数値計画と行動計画の決定	B	A	A
24	営業全般の責任	取引先への対応	A	A	A
25	旅費交通費、出張旅費の稟議決裁	出張の判断	A	A	A
26	接待交際費の稟議決算	交際の判断	A	A	A
27	売掛回収の責任	売掛金のチェックや不良債権対策	A	A	A
28	新規顧客開拓の率先垂範	新規開拓の実践	A	A	A
29	営業部門の人事労務政策の立案	営業の担当替えや配置の決定	A	A	A
30	生産管理全般の責任	設備投資の決定	A	A	A
31	工場全体のリスクマネジメント	労災、リスクマネジメントの対応	B	A	A
32	参加会議	経営会議　幹部会議	C	B	B
33	参加会議	営業会議、製販会議	A	A	A

※このシート（PDF）を入手することができます。詳細は「あとがき」をご覧ください。

コンサルティングの勘所 10

低料金でクライアントに振り回される関係性から脱却

　今、コンサルタント業界は都市も地方も二極化が進んでいるようです。
　それは、「高価格路線」と「低価格路線」です。当然、目指すは「高価格路線」ですが、なかなか「低価格路線」から抜け出せないコンサルタントも少なくありません。そこで、「低価格路線」なのにクライアントから振り回されて、「貧乏暇なし」状態に陥っているコンサルタントの打開策をご紹介します。

■高価格コンサルタントになるにはブランディングが必要である

　高価格が実現できるには条件があります。それは「ブランディング」が確立していることです。

　既存客から「あの先生は〇〇円以下は受けないですよ」とか「あの先生なら、〇〇万円は覚悟したほうがいい」と紹介されて、それでも依頼してくるということは、最初から費用について覚悟があるということになります。

　コンサルタントの「ブランディング」は、以下のことなどで決まります。

① USP（独自のウリ部分、ある小さな分野を際立たせる）
② 公開できる実績数、経験数
③ メディア露出、出版実績（これが大きい）
④ ブログ、SNS（よいコンテンツを提供し続けているかどうか）
⑤ コンテンツの無料ダウンロード（USP分野のコンテンツを無償提供し、ファンを獲得している）
⑥ セミナー開催（USPに直結したセミナー開催とYouTube動画で公開）
⑦ 動画配信（USPの特定コンテンツを定期的にアップし、メルマガやブログで紹介）

　正直言えば、実績数がなくて、大したスキルもなくても、③④⑤⑦があれば、知らない人も「ブランド」をイメージしてくれます。それがこの業界が「うさん臭い人が多い」と言われるゆえんですが…。

Chapter 10　二頭政治・院政を抑制する

　いずれにしても、新規の顧客に対して「高価格」をイメージさせるにはこのような工夫が必要になるということです。

　しかし、イメージ戦略だけで中身のない「高価格路線」コンサルタントには、クライアントが継続して依頼することはありません。

　高価格で毎月コンサルティングを数年以上続けられるのは、そのコンサルタントに実力がある証拠です。それも1社や2社ではなく、数年以上継続している顧問先が10社以上あれば本物でしょう。そういうコンサルタントは、実績面、経験面でも「既存客に認められるブランディング」ができています。

　そのコンサルタントの実力は「顧問継続期間とリピート率」で判断できると思います。ここでのポイントは「高価格路線」で数年以上続くことです。低価格でいかに長期経営顧問が続いても、「惰性」や「人間関係」「いれば安心の保険」みたいな関係性であり、具体的な貢献度は「？」でしょう。

　「高価格で数年以上続くコンサルタント」「高価格の研修やプロジェクトでも何回もリピートされるコンサルタント」はそれ相当の力があるということです。

■未来が拓けない「低価格路線」のコンサルタント

　いちばん問題なのは「低価格なのにクライアントに振り回されて、貧乏暇なし」に陥っているコンサルタントです。

　私は価格に対する基準を「時間単価」で見ています。例えば、1回5万円のコンサルティングでも、訪問指導時間、移動時間、準備時間を含めても3時間以内なら、時間単価約1万7,000円なので悪くはありません。仮に1回10万円の顧問料をいただいても、所要時間が12時間もかかれば、時間単価が8,000円ですから、それは「低価格路線」となります（※クライアントは10万円も払っているから低価格とは思っていないかもしれませんが）。

　要は、「低価格路線」のコンサルタントは時間単価が低いのです。そして、低価格しか払えないクライアントは零細企業の経営者や、ちょっと価値観が異なる経営者の場合が多くなります。

　低価格なのに、電話やメールでいろいろな依頼をしてきます。自分でできることも「コンサルタントに振ってしまえ」というふうに。すると、コンサルタントは調査や執筆などに「眼に見えない時間」を取られ、ま

215

すます時間単価が下がっていくわけです。

■クライアントから振り回される低価格コンサルタント

料金が安いだけなら、仕事を効率化し、クライアントをしっかり"躾け"ていけば（こういうものであると認識してもらう）、時間単価はある程度確保できます。

問題は「コンサルタントを振り回すクライアント」です。そうしたクライアントに振り回される多くのコンサルタントを見てきましたが、しかしそれは、クライアントが悪いのではなく、コンサルタントがそう仕向けていることが多いのです。

そこには共通した特徴があります。それは、クライアントに「忙しい売れっ子コンサルタント」というイメージを持たせていないことです。

そこで、下記のような方法をとることもあります。

① クライアントから電話が来ても、すぐに出ない
② クライアントの要望の日時にすんなり合わせない（コンサルタントの日時に合わせるように持っていく）
③ 休日や夜間は、緊急以外に電話に出ない
④ メールや LINE、メッセンジャーをすぐに返信しない

しかし、これは本質的なことではありません。大事なのは「訪問面談時」「会議時」にしっかり決め込むコンサルティングをすることです。曖昧なコンサルティングをしていると、クライアントはいちいち確認の連絡をとってきます。「低価格なのにいつも振り回される」のは絶対避けなければなりません。

■低価格でも効率が上がる「コンサルティング・パッケージ」

起業したてのコンサルタントや、住んでいる地域特性などから「零細企業の経営者」「個人事業主」中心のクライアントしかいないというコンサルタントはどうしたらいいでしょう。

そこで、「毎月 5 万円、3 万円でできるコンサルティング・パッケージ」を提案します。

所要時間、するべきコンサルティング実務、クライアントがすること、コンサルタントがすることなどをあらかじめ「見える化」し、企画書に

Chapter 10　二頭政治・院政を抑制する

します。所要時間を超えた場合、企画書以外の依頼の場合のオプション料金も説明します。そうすることで、低料金でもしっかり成果の上がるコンサルティング実務に集中できるようになるのです。

このパッケージがあれば、1日2〜3社のコンサルティングができ、1日10万円以上の収入も可能になります。

■低料金、多頻度要望クライアントは切る、断る勇気を持つ

低料金で多頻度要望のクライアントは、言葉を換えれば「コンサルタントの付加価値を認めていない」ということになります。役に立っているのなら、もっと高価格にするべきだし、お金がないならそれなりの敬意をもって接しているはずです。

低料金、多頻度要望のクライアントがまずいのが、それに時間をとられている間、他の営業開拓や企画の時間がとれないということです。また、そんなクライアントに限って、コンサルティングの日程変更を平気で言ってきます。

すると、他のクライアントとの調整が必要になり、迷惑をかけてしまうこともあります。

そういうことをいろいろ考えると、どんなにその低料金、多頻度要望のクライアントがいい人でも、やはり距離をおいたお付き合い、料金を明確にしたお付き合いをしないとコンサルタントとしての未来は拓けません。

したがって、「解約をこちらから申し出る」「値上げができないなら断る」を実行に移さざるをえません。そして、その間の収入ダウンを我慢して、標準料金での顧客開拓に注力します。どれも難しい判断ですが、どこかで改革しない限り、この料金体制はずーっと続きます。

この課題の解決策は、低料金クライアントの整理とブランディングを同時に行うことですね。

あとがき

　本書の原稿を書き終える前に、税理士、コンサルタント、生保営業の方々10名近くに、「今度、こんな本を書くんだけど、どう思う？」と聞いてみました。そして、本書に掲載している事例を見せると、ほぼ全員が異口同音こんな感想を言いました。

　「嶋田さん、これがあると社長も後継者も助かりますね。経営承継全般を"見える化"して、PDCAを回してくれる税理士や専門家がいたら、ありがたいですよね」

　この感想のとおりですが、経営承継の「可視化」の肝は、承継後の経営戦略と現社長・次期社長の役割分担、ネクストキャビネット（次世代の役員幹部）の組織づくりにあります。

　だから本書でも指摘しているとおり、ただ可視化をすればよいということではなく、どう深く聞き込み、現社長・次期社長とのファシリテーション（合意形成）を進めるかが重要なスキルになります。その結果、「経営承継10か年カレンダー」「権限委譲計画」「役員の役割責任一覧」が出来上がっていくわけです。

　また、経営承継の「可視化」をすることで、もう1つの「顧問契約」が進めやすくなると考えています。通常、税理士なら税務顧問、弁護士なら法律顧問、コンサルタントなら経営顧問として継続的に収入を得ています。そこに「経営承継顧問」という新たな「顧問機能」を持ち、コンサルタント、税理士や生保営業などの新たな収益源や顧客囲い込みとして活用できればよいのではないかと考えています。

　本書で紹介している経営承継の「可視化」で必要な決め事は、同族承継であれ、他人承継であれ、当事者同士では言いにくいこと、決めにくいこと、文書化しにくいことばかりです。第三者が行司役として機能しなければ、文書化はほぼ進みません。

私たちが経営承継のコンサルティングで一定の成果を上げることができたのは、クライアントである経営者、後継者、関係する役員幹部との調整機能や仲裁機能、第三者であるからこそ課題解決の決定事項に誘導できる提案機能を働かせることができたからだと思います。

　こういう機能を持つことで、クライアントとの関係性はより長期化し、同時にこれまで関係が薄かった後継者にも深い人間関係を構築することができます。経営承継顧問とは、経営承継の可視化から入っていき、その経営承継スケジュールをモニタリングする経営顧問です。加えて、すでにクライアントが顧問契約している税務顧問、経営顧問のセカンドオピニオンとしての機能も持っています。

　税理士なら税務顧問以外に経営承継顧問機能を付加価値として提供でき、経営コンサルタントなら経営承継をテーマに長期顧問契約に転換でき、生保営業なら経営承継から役員退職金等の財務顧問として、相談役としての機能を持つことも可能です。要は、「経営承継の可視化」を切り口に、顧問として長期のお付き合いを進めやすくなるのです。

　私たちはこれまで培ってきた「経営承継可視化ノウハウ」をもっと多くの税理士、コンサルタント、生保営業、金融機関、FP の方々に理解していただき、実践的に付加価値と差別化を実現してもらうべく、2019 年春から【経営承継戦略アドバイザー検定】を行います。この検定では、本書で解説した「経営承継可視化ノウハウ」を現場で実践するために、知識研修、ロープレ研修を通じて、民間資格の「経営承継戦略アドバイザー」として活躍していただこうとするものです。

　詳細は公式ホームページ（https://re-keiei.com/）からご覧いただけます。

　経営承継ビジネスを展開する人は、すべからく「経営承継【可視化】の専門家」として、多種多様なノウハウを身に付けていただければと思う次第です。

著　者

主要シート類の入手法法

　㈱RE-経営・嶋田利広のメルマガ『SWOT分析と経営承継とコンサルタント事務所経営』あるいは㈱しのざき総研のメルマガの購読登録をすると、本書に掲載されている主要なシート類を無料で入手することができます（PDFファイル）。

　詳しくは **http://www.mgt-pb.co.jp/shokei 01/** にアクセスしてください。

《著者紹介》

嶋田 利広（しまだ・としひろ）

株式会社アールイー経営代表取締役　経営コンサルタント歴 32 年　産業カウンセラー

1962 年、大分県日田市生まれ。熊本商科大学経済学部卒。
全国展開の経営コンサルタント会社で修行し、所長、取締役部長を経て、1999 年にアールイー経営（RE-経営）を設立、代表取締役に就任。東京、九州を中心にこれまで 350 社の中小企業、病院・介護施設、会計事務所などの経営改革、経営計画、役員教育、戦略アドバイス等のコンサルティングおよび、講演、研修等を展開。
中小企業の SWOT 分析第一人者として、160 件以上の SWOT 分析及び 700 人以上の SWOT 分析コーディネーターを育成する。「わかりやすい」「面白い」「リズミカル」「即実践できる」講演は高く評価されている。また、2017 年には SWOT 分析スキルの普及啓蒙活動として「SWOT 分析スキル検定」を設立し、東京を中心に資格取得講座を開催している。
SWOT 分析関連著書に『中小企業の SWOT 分析』『SWOT 分析による経営改善計画書作成マニュアル』『SWOT 分析コーチングメソッド』『経営承継を成功させる実践 SWOT 分析』（いずれもマネジメント社刊）がある。また、『日経ビジネスアソシエ　ビジネスプロフェッショナルの教科書』に SWOT 分析カテゴリーで唯一取り上げられる。
また 2019 年から「経営承継戦略アドバイザー検定」を設立し、専門家の養成に力を注いでいる。
SWOT 分析関連書籍以外に『デフレ時代の減収創益経営』『リーダーシップが変わる 9 週間プログラム』『介護事業経営コンサルティングマニュアル』（いずれもマネジメント社刊）等がある。

■問い合わせ・連絡先
　株式会社アールイー経営
　〒 860-0833　熊本市中央区平成 3-9-20
　TEL：096-334-5777　FAX：096-334-5778
　●メールアドレス　consult@re-keiei.com
　●ホームページ　http://www.re-keiei.com/
　●嶋田利広ブログ【ここだけの話】https://re-keiei.com/shimada-blog/
　●嶋田利広の SWOT 分析とコンサルタント事務所経営【メルマガ】
　　https://re-keiei.com/mailmagazine/swotmailmagazine.html
　●嶋田利広の病院介護人材育成【メルマガ】
　　https://re-keiei.com/mailmagazine/hospital-mailmagazine.html
　● SWOT 分析スキル検定公式サイト
　　http://swotkentei.com/

著者紹介

篠﨑 啓嗣（しのざき・ひろつぐ）
株式会社しのざき総研代表取締役

1993年、東京経済大学経営学部卒業。同年、株式会社群馬銀行入行。後に生命保険会社・損害保険会社に勤務し、2007年、株式会社フィナンシャル・インスティチュート（事業再生コンサルティング会社）へ入社。

2014年、株式会社しのざき総研を設立し、代表取締役に就任。

銀行10年、生命保険会社1年、損害保険会社2年を経験する中で、中小企業の財務及びリスクマネジメントの基礎を身につける。また、事業再生コンサルティング会社に5年半在籍し、中小企業の事業再生の手法を身につける。

事業再生においては、事業継続を前提としたリスクマネジメント業務を推進し、業務改善をメインに取り組み、本業に専念できる仕組みを構築。年商規模3〜30億円の50社の企業において、実態財務の把握、銀行取引調整等を担っている。

保険分野では、決算書の入手〜決算書の分析による生命保険及び損害保険販売を得意とし、経営計画・財務分析・資金繰り管理・事業再生・経営承継・銀行取引アドバイスの話題から、経営者の潜在ニーズを引き出す手法には定評がある。

著書はこの10年間で10冊をリリース。『社長さん！銀行員の言うことをハイハイ聞いてたら あなたの会社、潰されますよ！』（すばる舎）は10万部を超えるメガヒットとなる。このほか、『信用保証協会完全攻略マニュアル』（すばる舎）など専門分野に特化した著書多数。

■問い合わせ・連絡先
　株式会社しのざき総研
　〒108-0014　東京都港区芝4-12-4 名倉堂ビル202
　TEL：03-6809-3666　FAX：03-6809-3622
　●問い合わせ　http://shino-souken.co.jp/contact/
　●ホームページ　http://shino-souken.co.jp/
　●銀行融資ノート公式ブログ
　　http://shino-souken.co.jp/blog/

経営承継「可視化」戦略

2019 年 2 月 10 日　初版　第 1 刷　発行

著　者　嶋田 利広／篠﨑 啓嗣
発行者　安田 喜根
発行所　株式会社 マネジメント社
　　　　東京都千代田区神田小川町 2 - 3 - 13
　　　　M&C ビル 3 F（〒 101 - 0052）
　　　　TEL 03 - 5280 - 2530（代表）
　　　　http://www.mgt-pb.co.jp
　　　　印刷　中央精版印刷 株式会社

©Toshihiro SHIMADA, Hirotsugu SHINOZAKI
2019, Printed in Japan
ISBN978-4-8378-0489-5 C0034
定価はカバーに表示してあります。
落丁本・乱丁本の場合はお取り替えいたします。